D1875785

Zum Autor
Shaun Usher ist Autor und alleiniger Betreiber der Blogs lettersofnote.com, listsofnote.com und speechesofnote.com. Hierfür durchforstet er die Archive dieser Welt nach faszinierenden Briefen, ungewöhnlichen Listen und inspirierenden Reden. Usher lebt mit seiner Frau Karina und seinen beiden Söhnen in Manchester. »Letters of Note – Briefe, die die Welt bedeuten« war sein erstes Buch, das gleich ein Weltbestseller wurde.

Letters of Note

Liebe

BEMERKENSWERTE BRIEFE

HERAUSGEGEBEN
VON SHAUN USHER

WILHELM HEYNE VERLAG
MÜNCHEN

Die Originalausgabe erschien unter dem Titel
Letters of Note – Love bei Canongate, Edinburgh

Sollte diese Publikation Links auf Webseiten Dritter enthalten, so übernehmen wir für deren Inhalte keine Haftung, da wir uns diese nicht zu eigen machen, sondern lediglich auf deren Stand zum Zeitpunkt der Erstveröffentlichung verweisen.

Unter www.heyne-hardcore.de finden Sie das komplette Hardcore-Programm, den monatlichen Newsletter sowie alles rund um das Hardcore-Universum.

Weitere News unter www.heyne-hardcore.de/facebook

FSC
www.fsc.org
MIX
Papier aus verantwortungsvollen Quellen
FSC® C013736

Verlagsgruppe Random House FSC® N001967

Copyright © 2020 Shaun Usher
Copyright © 2020 der deutschsprachigen Ausgabe
by Wilhelm Heyne Verlag, München,
in der Verlagsgruppe Random House GmbH,
Neumarkter Str. 28, 81673 München
Lektorat: Kirsten Naegele
Redaktion: Kristof Kurz
Umschlaggestaltung: Eisele Grafik-Design, München,
unter Verwendung von Motiven von © lesichkadesign/Bigstock,
© VKA/Shutterstock
Satz: Leingärtner, Nabburg
Druck und Bindung: Kösel, Krugzell
Printed in Germany

ISBN: 978-3-453-27244-6

www.heyne-hardcore.de

Für Karina

Inhalt

HEIRATE DOCH EINFACH

NOCH GANZ NAH

UNSTERBLICHE GELIEBTE

HEUTE ABEND BIN ICH GLÜCKLICH

DIES IST EIN LIEBESBRIEF, ODER ETWA NICHT?

EINLEITUNG

Nichts ist so stark wie die Liebe. Sie ist eine überwältigende Macht, die uns dazu bringt, selbst in den dunkelsten Stunden und härtesten Zeiten nicht zu verzagen. Sie verleiht uns die Kraft, durchzuhalten und weiterzumachen. Wer von Liebe erfüllt und mit einem anderen Menschen auf so fundamentale Art und Weise verbunden ist, fühlt sich jedem Hindernis gewachsen, das einem das Leben in den Weg stellt – und nimmt sogar den eigenen Tod in Kauf, um das, was ihm am Herzen liegt, zu beschützen.

Ich glaube, von allen uns innewohnenden Fähigkeiten kommt die Liebe einer Superkraft am nächsten. Doch wo Licht ist, ist auch Schatten, und eine enttäuschte oder erkaltete Liebe kann eine Existenz schnell und schonungslos zunichtemachen und das Leben, das sie einst bereicherte, zerstören. Der endlose, überwältigende Schmerz, den die durch eine verlorene Liebe hinterlassene Leere verursacht, ist mit keinem anderen Gefühl zu vergleichen und mit Worten kaum zu beschreiben. Es ist ein farbloses Leben, ein Film ohne Ton. Sich ganz der Liebe hinzugeben, bedeutet, seine Deckung fallen zu lassen, und die Tatsache, dass wir trotz dieser emotionalen Risiken die Liebe stets aufs Neue suchen, beweist, wie unersetzlich sie für uns ist.

Daher überrascht es nicht, dass der Brief – unsere intimste Form der Kommunikation – das Medium der Wahl bildet, wenn es darum geht, seine Liebe einzugestehen oder sich mit ihr auseinanderzusetzen. Auch wenn die Liebe – wie viele behaupten – unsere einzige universelle Sprache ist, besitzt sie doch *das gewisse Etwas*, das sich nur schwer in Worte fassen lässt. In diesem Band findet sich eine Auswahl an Briefen, die unsere komplizierte Beziehung zu diesem ewig lockenden Gefühl veranschaulichen: die weisen Ratschläge eines Vaters an seinen liebeskranken Sohn, von denen nicht nur junge Menschen profitieren können; ein Brief, der maßgeblich dazu beitrug, das Verbot »gemischtrassiger« Ehen in den Vereinigten Staaten aufzuheben; ein hoffnungslos unromantischer Heiratsantrag aus dem Jahr 1866, bei dem man nicht nur Tränen lacht, sondern auch voll Mitgefühl seufzt; der verzweifelte Brief eines ehemaligen Sklaven, in dem er den Mann, der ihm zur Flucht verhalf, um Unterstützung bei der Suche nach seiner geliebten Frau bittet. Der klassische oder auch ungewöhnliche Liebesbrief – manche der hier versammelten Botschaften sind an bereits Verstorbene gerichtet oder wurden nie abgeschickt – hat als Form der Kommunikation kein modernes Äquivalent.

Meine persönliche Leidenschaft für Briefe nahm im September 2002 ihren Anfang. Eine Freundin von mir musste, wenn auch nur für zehn Monate, an einen Hunderte Meilen entfernten Ort ziehen. Da es so etwas wie die »sozialen Medien« damals noch nicht gab und selbst E-Mails eine höchst ungewöhnliche Kommunikationsform darstellten, verwundert es nicht, dass wir beschlossen, auf die »gute altmodische« Art und Weise in Kontakt zu bleiben. Wir hätten uns nicht träumen lassen, dass sich der daraus entstehende Briefwechsel so unterhaltsam und erheiternd gestalten würde.

Er war der ideale Ausgangspunkt unserer Beziehung.

Karina und ich haben 2012 geheiratet. Dieses Buch ist ihr gewidmet.

Shaun Usher

2019

ALLES GUTE BLEIBT

John Steinbeck an Thom Steinbeck

10. November 1958

Übersetzt von Lisa Kögeböhn

Der im Jahr 1902 in Kalifornien geborene John Steinbeck eroberte sich mit seinen Romanen – etwa *Die Früchte des Zorns, Jenseits von Eden* und *Von Mäusen und Menschen* – einen festen Platz unter den Großen der Weltliteratur. In seinem sechzigsten Lebensjahr erhielt er zudem den Literaturnobelpreis, eine Ehre, die nur wenigen zuteilwird. Wie so viele Autoren in den Fünfzigerjahren war auch Steinbeck ein fleißiger und begeisterter Briefeschreiber, der auf diesem Weg mit vielen Menschen – von Schriftstellerkollegen bis zu US-Präsidenten – Kontakt hielt. Der womöglich beste und vielleicht auch wichtigste seiner vielen mit leichter Hand geschriebenen Briefe galt seinem vierzehnjährigen Sohn Thomas. Der Internatsschüler hatte sich verliebt und brauchte dringend väterlichen Rat.

10. November 1958

Lieber Thom:

Wir haben Deinen Brief heute Morgen erhalten. Ich werde ihn aus meiner Sicht beantworten und Elaine natürlich aus ihrer.

Erstens: Wenn Du verliebt bist – ist das etwas Gutes – ist das ungefähr das Beste, was einem Menschen passieren kann. Lass Dir das von niemandem kleinreden.

Zweitens: Es gibt mehrere Arten von Liebe. Die eine ist egoistisch, niederträchtig, besitzergreifend, selbstgefällig und missbraucht die Liebe zur bloßen Selbstbestätigung. Das ist die hässliche, lähmende Art. Die andere Art lässt alles Gute in Dir zutage treten – Liebenswürdigkeit, Rücksichtnahme und Respekt –, nicht nur das respektvolle Verhalten anderen gegenüber, das schon die guten Manieren gebieten, sondern Respekt in umfassenderem Sinne, und zwar, Dein Gegenüber als einzigartig und wertvoll anzuerkennen. Die erste Art von Liebe kann Dich krank, klein und schwach machen, aber die zweite kann Kraft, Mut und Güte in Dir freisetzen, ja sogar eine Weisheit, von der Du gar nicht wusstest, dass Du sie besitzt.

Du sagst, es sei keine Schwärmerei. Wenn Du so tiefe Gefühle hegst – dann ist es natürlich keine Schwärmerei.

Aber ich glaube nicht, dass Du mich nach Deinen Gefühlen gefragt hast. Die kennst Du selbst am besten. Nein, Du hast mich um Rat gebeten, was Du nun tun sollst – und das kann ich Dir sagen.

Zunächst einmal koste es aus und sei dankbar und sehr froh darüber.

Der Gegenstand Deiner Liebe ist das Beste und Allerschönste. Versuche, ihm gerecht zu werden.

Wenn Du jemanden liebst – dann schadet es nie, es auszusprechen – Du musst nur bedenken, dass manche Menschen sehr schüchtern sind, und manchmal muss man diese Schüchternheit beim Aussprechen seiner Gefühle berücksichtigen.

Oft wissen oder spüren die Mädchen bereits, was Du fühlst, aber für gewöhnlich hören sie es auch gern.

Manchmal geschieht es, dass das, was Du

fühlst, aus irgendeinem Grund nicht erwidert wird – doch das macht Deine Gefühle nicht weniger wertvoll oder gut.

Zu guter Letzt möchte ich Dir sagen, dass ich Deine Gefühle kenne, denn ich empfinde sie selbst und bin froh, dass Du sie empfindest.

Wir würden uns freuen, Susan kennenzulernen. Sie ist überaus willkommen. Für solche Dinge ist jedoch Elaine zuständig, weil sie sich damit am besten auskennt und es sehr gern tun wird. Auch sie weiß viel über Liebe, und vielleicht kann sie Dir sogar noch besser helfen, als ich es kann.

Und fürchte keine Zurückweisung. Wenn es sein soll, wird es geschehen – die Hauptsache ist, nichts zu überstürzen. Alles Gute bleibt.

In Liebe,

Fa

ICH KANN NICHT ANDERS

Simone de Beauvoir an Nelson Algren

30. September 1950

Übersetzt von Judith Klein
Einleitung übersetzt von Kristof Kurz

Die französischen Philosophen Simone de Beauvoir und Jean-Paul Sartre führten einundfünfzig Jahre lang eine komplexe und außergewöhnliche Beziehung, die erst mit Sartres Tod 1980 endete. Beide hatten im Laufe der Zeit nebenbei wechselnde Geliebte, und als Simone 1947 Nelson Algren kennenlernte, konnte sie dem Charme des Romanschriftstellers nicht widerstehen. 1950, nach einem frustrierenden Besuch in Nelsons Heimatstadt Chicago, der das Ende der Affäre besiegelte, die Simone so genossen hatte, schrieb sie ihm diesen Brief. Simone und Nelson sollten weitere achtzehn Jahre lang brieflich über die Kontinente hinweg in Kontakt bleiben.

Hotel Lincoln

New York

30. September 1950

Nelson, mein liebster Süßester, Sie waren gerade weg, als ein Mann mir lächelnd diese schöne verrückte Blume mit den kleinen Vögeln und Nelsons Liebe brachte. Das hat fast mein gutes Benehmen zunichtegemacht: Es war schwer, »nicht mehr zu weinen«. Jedenfalls liegt mir trockene Traurigkeit mehr als kalter Zorn; meine Augen sind bisher trocken geblieben, so trocken wie geräucherter Fisch, doch mein Herz liegt in mir wie ein widerlicher weicher Pudding. Ich habe 1½ Stunden auf dem Flugplatz gewartet wegen des Wetters; das Flugzeug aus Los Angeles konnte im Nebel nicht landen. Es war richtig, dass Sie weggegangen sind, dieses letzte Warten ist immer zu lang, aber es war gut, dass Sie mitgekommen sind. Danke für die Blume und dass Sie mitgekommen sind, von dem Rest ganz zu schweigen. Ich habe also mit der purpurnen Blume an der Brust gewartet und so getan, als läse ich den Krimi von MacDonald, und dann sind wir gestartet. Der Flug war tadellos, überhaupt keine Erschütterungen. Ich schlief nicht und tat, als würde ich den Krimi zu Ende lesen, und liebkoste Sie in meinem lumpigen albernen Herzen.

New York war zauberhaft: heiß, sonnig und zugleich grau. Was für eine glanzvolle Stadt! Ich wollte nicht, dass mir das Herz bricht, und ging nicht ins Brittany, sondern ins Lincoln, wo ich vor drei Jahren abgestiegen war, als ich niemanden auf diesem ganzen Kontinent kannte und nicht ahnen konnte, dass ich in Chicago auf so seltsame Weise in eine Falle gehen würde. Ich bekam genau das gleiche Zimmer wie damals, dem Himmel ein bisschen näher, sonst aber gleich. Wie sonderbar, mich in dieser fernen Vergangenheit wiederzufinden! Wie vor drei Jahren bin ich in den Lincoln-Schönheitssalon gegangen: auch da kein Problem; das Hotel schien leer, der Schönheitssalon war leer. Dann kaufte ich den Füller für Olga, kostete 14 Dollar, ich bin froh, dass Sie mir so viel Geld gegeben haben, ich komme gerade aus. Und ich ging und ging durch die Stadt, die Third Avenue entlang, die wir in der letzten

Nacht, vor zwei Jahren, ganz hinuntergegangen sind, und auch ums Brittany herum, und ich begegnete Ihnen überall und erinnerte mich an alles. Ich bin im Washington Park herumgewandert, wo es eine Art Flohmarkt gibt und wo Kitschbilder verkauft werden; aus dem Bus der Fifth Avenue sah ich, wie sich die Nacht über New York legte.

Jetzt ist es 9 Uhr, ich habe seit dem Flugzeug nur ein kleines Sandwich gegessen, seit Wabansia nicht geschlafen, ich bin todmüde. Ich bin auf mein Zimmer gegangen, um Ihnen zu schreiben und Ihren Scotch zu trinken, aber ich glaube nicht, dass ich jetzt zu Bett gehen kann. Ich fühle New York um mich herum, hinter mir unseren Sommer. Ich werde hinuntergehen und laufen und vor mich hin träumen, bis ich vollkommen erschöpft bin.

Ich bin nicht traurig, eher betäubt, sehr fern von mir selbst, nicht wirklich glaubend, dass Sie jetzt so fern sind, so fern, Sie so Naher. Ich möchte Ihnen vor meiner Abreise nur zwei Dinge sagen, und dann rede ich nicht mehr davon, ich verspreche es. Erstens hoffe ich sehr, ich will und brauche es so sehr, dass ich Sie wiedersehe, irgendwann. Aber bitte, erinnern Sie sich daran, ich werde nie mehr darum bitten – nicht aus irgendeinem Stolz heraus, denn Ihnen gegenüber empfinde ich keinen, wie Sie wissen, sondern weil unser Treffen nur dann einen Sinn haben wird, wenn Sie es wünschen. Ich werde also warten. Wenn Sie ein Treffen wünschen, sagen Sie es einfach. Ich werde nicht davon ausgehen, dass Sie mich wieder lieben, nicht einmal, dass Sie mit mir schlafen, und wir brauchen nicht so lange zusammenbleiben – einfach wie Sie möchten und wann Sie möchten. Aber Sie sollen wissen, ich werde mich immer danach sehnen, dass Sie mich darum bitten. Nein, ich kann nicht glauben, dass ich Sie nicht wiedersehen werde. Ich habe Ihre Liebe verloren, und das war (und ist) schmerzlich, aber ich werde Sie nicht verlieren. Wie dem auch sei, Nelson, Sie haben mir so viel gegeben, was Sie gaben, bedeutet so viel, dass Sie es nie zurücknehmen könnten. Und außerdem waren mir Ihre Zärtlichkeit und Freundschaft so kostbar, dass ich mich immer noch warm und glücklich und überschwänglich dankbar fühle, wenn ich Sie in meinem Inneren betrachte. Ich hoffe, dass diese Zärtlichkeit und Freundschaft mich nie, nie verlassen werden. Was mich anbelangt – es ist verwirrend, und ich bin beschämt, es zu sagen –, ist dies die einzige wahre Wahrheit: Ich liebe Sie genauso stark wie in dem Moment, als ich in Ihren enttäuschten Armen landete, das heißt, mit meinem ganzen Ich und meinem ganzen lumpigen Herzen, ich kann nicht anders. Aber das soll Sie nicht stören, Honey, und machen Sie aus dem Briefeschreiben keine Pflicht, schreiben Sie nur, wenn Sie Lust haben und in dem Bewusstsein, dass es mich jedes Mal sehr glücklich machen wird.

Nun, alle Worte scheinen lächerlich. Sie scheinen so nah, so nah, lassen Sie mich auch Ihnen nah sein. Und lassen Sie mich, wie früher, lassen Sie mich in meinem eigenen Herzen Ihre Simone sein.

Ganz Ihre Simone

DENKE IMMER DARAN, DASS DU GELIEBT WIRST

Dorothy Freeman an Rachel Carson

Dezember 1963

Übersetzt von Katja Scholtz

1953, neun Jahre vor der Veröffentlichung ihres bahnbrechenden und unermesslich einflussreichen Sachbuchs *Der stumme Frühling,* erhielt die Meeresbiologin Rachel Carson einen Brief von einem Fan namens Dorothy Freeman; es war dies der Beginn eines jahrzehntelangen Briefwechsels und einer innigen Freundschaft. In ihren Briefen berührten die beiden jedes erdenkliche Thema und sprachen offen über die Liebe. Zehn Jahre nach ihrem ersten Kontakt und vier Monate vor Carsons krebsbedingtem Herztod schickte Freeman ihrer lieben Freundin ihren jährlichen Weihnachtsbrief – den letzten, den sie jemals an Carson schreiben sollte.

Liebste Rachel,

zehn Jahre, Liebe, seit meiner ersten Weihnachtspost. Was kann ich jetzt, zehn Jahre später, sagen, was ich nicht schon 1953 gesagt habe? Die Wörter mögen andere sein, aber der Inhalt – ich brauche Dich, ich liebe Dich – ist derselbe. Genau wie ich Dich damals brauchte, weil Du Verständnis hattest und mir die Art von Freundschaft geben konntest, die mir sonst niemand zu geben vermochte, genauso brauche ich Dich heute, und eigentlich noch mehr. Genau wie ich Dich damals liebte, um Deiner selbst willen und für alles, was Dich ausmacht, genauso liebe ich Dich heute – voller Wärme und Aufrichtigkeit und Sehnsucht.

Und so will ich Dir meinen weihnachtlichen Dank für diese zehn Jahre sagen – Jahre, die mein Leben bereichert und ja, sogar verändert haben. All diese Jahre – voller Freude und Leid für uns beide. Genau wie wir die Freuden geteilt haben, so haben wir auch das Leid geteilt. Manchmal frage ich mich, wie ich die Tiefen ohne Deine beständige Liebe ertragen hätte. Ohne Dich, so viel weiß ich, wäre das Leben in diesen düsteren Zeiten nicht lebenswert gewesen.

Aber heute Abend will ich nicht an die Dunkelheit denken. Woran ich denke, ist die Schönheit, die mir durch Dich zuteilwurde: die gemeinsamen Erfahrungen der Natur in all ihren Formen; die Welt der Bücher und die Menschen in dieser Welt; die Verbundenheit in der Musik; vor allem aber die Inspiration, die Du für mich bist. Meine Dankbarkeit für all dies und für noch so viel mehr, das sich nicht in Worte fassen lässt, kennt keine Grenzen. Aus meiner Erinnerung kann ich jederzeit einen besonderen Moment hervorholen – wenn ich diese Momente aufzählen sollte, wäre die Liste endlos.

Gestern während der Dämmerung leuchtete der wolkenlose Himmel im Westen in einem feuerroten Orange, das am intensivsten erscheint, wenn man es hinter der dunklen Silhouette der Fichten unserer Wälder in Maine beobachtet. Der diamanten glänzende Abendstern stand noch hoch am Himmel. Darunter war in einem ersten schwachen Schimmern die Sichel des Neumonds zu sehen, aus dem der Weihnachtsmond werden wird – und den wir (oh, welch Glück) teilen dürfen. Über seiner Spitze funkelte ganz deutlich ein Stern! Ich brauche Dir nicht zu sagen, was in meinen Augen passiert ist. Darin liegt eine Verheißung, denn am 30. Dezember werden wir Vollmond haben.

Wann auch immer Du dies liest, Du sollst wissen, dass ich Dich in Gedanken umarme. Also schließe Deine Augen und denke immer daran, dass Du geliebt wirst.

Ich wünsche Dir gesegnete Weihnachten.

In Liebe, für immer

Dorothy

MEINE SEELE LEIDET

Isaac Forman an William Still

7. Mai 1854

Übersetzt von Gunter Blank

Im Dezember 1853 ergriff der dreiundzwanzigjährige Isaac Forman die einmalige Gelegenheit, sich von einem Leben als Sklave in Norfolk (Virginia) zu verabschieden und nach Toronto in Kanada zu fliehen. Zurück ließ er nicht nur seine langjährige Sklavenhalterin Mrs. Sanders, sondern zu seinem großen Unglück auch seine Frau, die ebenfalls versklavt war, jedoch einem anderen Besitzer in Richmond gehörte. Von Isaac Forman ist nur wenig überliefert. Dank diesem Brief wissen wir immerhin, dass er das Leben ohne seine geliebte Frau fast unerträglich fand. Der Brief war an William Still adressiert, einen berühmten Fluchthelfer der Underground Railroad, eines geheimen Netzwerks, durch das Tausende Sklaven, Forman eingeschlossen, in die Freiheit entkamen.

Toronto, 7. Mai 1854

MR. W. STILL: – Verehrter Sir – ich nutze die Gelegenheit, Ihnen diese wenigen Zeilen zukommen zu lassen, und hoffe, dass diese Sie bei guter Gesundheit erreichen. Ich hätte Ihnen schon früher geschrieben, habe aber darauf gewartet, von meinem Freund Mr. Brown zu hören. Ich vermute, seine Geschäfte waren zu wichtig, weshalb er mir nicht eher geschrieben hat. Verehrter Sir, nichts hätte mich davon abhalten können, Ihnen in einer solchen Angelegenheit zu schreiben, außer dem Tod.

Meine Seele leidet, meine Pein ist unbeschreiblich. Oft fühle ich mich, als wäre ich des Lebens müde. Ich muss meine Frau bald sehen, wenn nicht, werde ich sterben. Was ich bereit wäre zu geben, kann niemand ermessen. Könnte ich nur einen Augenblick ihre süßen Lippen betrachten, dann wäre ich bereit, im nächsten zu sterben. Ich bin fest entschlossen, sie irgendwann wiederzusehen. Die Vorstellung, wieder als Sklave leben zu müssen, ist furchtbar. Ich hoffe, der Himmel wird noch einmal auf mich herablächeln, ehe ich wieder einer werde. Ich werde Kanada in Kürze verlassen, aber den Ort, an den ich reise, nenne ich nicht, er könnte genauso gut auf dem Grund des Ozeans liegen. Hätte ich, als ich geflohen bin, gewusst, was ich heute weiß, hätte ich dies niemals getan, bis ich eine Möglichkeit gefunden hätte, sie mit mir zu nehmen. Sie haben nie wie ich darunter gelitten, von Ihrer Frau getrennt zu sein. Für mich ist das fast noch schlimmer als der Tod, und ich hoffe, Sie werden alles, was in Ihrer Macht steht, für mich tun und auch Ihre Freunde fragen, ob jemand etwas für mich tun kann. Bitte schreiben Sie mir sofort, nachdem Sie diesen Brief erhalten haben, und sagen Sie mir etwas, um mir Mut zu machen. Ich wäre Ihnen höchst verbunden, wenn Sie Mr. Brown aufsuchen und ihn fragen würden, ob er so freundlich wäre, für mich nach Richmond zu fahren und nach meiner Frau zu sehen und herauszufinden, welche Arrangements für sie getroffen werden könnten, und ich bin bereit, all seine Auslagen dort zu erstatten. Bitte suchen Sie auch sowohl Mr. Bagnel als auch Mr. Minkins auf und fragen Sie sie, ob sie meine Frau gesehen haben. Ich bin entschlossen, sie zu treffen, und wenn ich im nächsten Augenblick tot umfalle. Ich kann behaupten, dass ich einst glücklich war, es aber nicht mehr sein werde, ehe ich sie nicht gesehen habe; denn was ist die Freiheit für mich, wenn ich weiß, dass meine Frau in der Sklaverei lebt? Die Leute, die Sie vor ein paar Wochen hierhergebracht haben, sind nicht nach Toronto gekommen, sondern in St. Catherine geblieben. Ich habe Ihnen letzte Woche zwei Briefe geschrieben und hoffe, dass Sie sie bitte lesen werden. Das Postamt ist geschlossen, deshalb füge ich das Porto bei. Bitte schreiben Sie mir ganz schnell.

Ihr stets ergebener Diener

I. Forman

DU STEHST ÜBER IHNEN ALLEN

Juliette Drouet an Victor Hugo

1835

Übersetzt von Bernd Stratthaus

Zum Zeitpunkt ihres Todes im Jahr 1883 war die französische Schauspielerin Juliette Drouet seit fünfzig Jahren die Geliebte von Victor Hugo, des Verfassers der *Elenden*. Sie hatten sich hinter den Kulissen seines Theaterstücks *Lucrezia Borgia* kennengelernt, in dem sie 1833 mitspielte. Zu diesem Zeitpunkt hatte Hugos Ehefrau, Adèle Foucher, bereits ein Verhältnis mit dem Literaturkritiker Charles Augustin Sainte-Beuve. Daher hatte Hugo nur geringe Skrupel, selbst eine Affäre anzufangen – mit Drouet, die ihn geradezu vergötterte. Über dieses halbe Jahrhundert hinweg schrieb sie ihm an jedem einzelnen Tag – und oft sogar mehrmals täglich. Zehntausende ihrer Briefe sind überliefert, dieser ist nur einer davon.

Freitag, 8 Uhr abends

Wenn ich eine kluge Frau wäre, mein prächtiger Vogel, könnte ich Dir beschreiben, wie sich in Dir die Schönheit von Form, Gefieder und Lied vereinen! Ich würde Dir sagen, dass Du das größte Wunder aller Zeiten bist, und damit spräche ich doch nur eine offenkundige Wahrheit aus. All das aber in angemessene Worte zu verkleiden, mein Herrlicher, dafür bräuchte ich eine viel wohlklingendere Stimme als die, die meiner Art geschenkt worden ist – denn ich bin doch nur die unscheinbare Eule, über die Du Dich erst kürzlich lustig gemacht hast. Also ist es unmöglich. Ich kann Dir nicht sagen, wie überwältigend und strahlend Du bist. Das überlasse ich den Vögeln, die so süß singen und die – wie Du weißt – deshalb nicht weniger schön und dankbar sind.

Ich übertrage ihnen gern die Pflicht, zu beobachten, zuzuhören und zu bestaunen, während ich mir selbst das Recht vorbehalte zu lieben. Das mag zwar dem Ohr weniger schmeicheln, doch für das Herz ist es umso süßer. Ich liebe Dich, ich liebe Dich, mein Victor, ich kann es nicht oft genug wiederholen. Und ich kann es niemals so ausdrücken, wie ich es fühle.

Ich erkenne *Dich* in all der Schönheit wieder, die mich umgibt – in Form, Farbe, Duft und Wohlklang: All das bedeutest *Du* mir. Du stehst über ihnen allen. Du bist nicht nur das Lichtspektrum mit seinen sieben leuchtenden Farben, sondern die Sonne selbst, die die ganze Welt erhellt, wärmt und ihr neues Leben einhaucht. Nichts anderes bist Du, und ich bin die unwürdige Frau, die Dich liebt.

Juliette

ICH HABE NOCH NIE ZUVOR JEMANDEN SO GELIEBT WIE DICH

Vladimir Nabokov an Véra Slonim

8. November 1923

Übersetzt von Ludger Tolksdorf
Einleitung übersetzt von Kristof Kurz

Vladimir Nabokov und Véra Slonim führten fünfzig Jahre lang eine faszinierende Beziehung. Beide wurden in Sankt Petersburg geboren – er 1899, sie drei Jahre später. Zum ersten Mal begegneten sie sich 1923 auf einem Kostümball in Berlin, als sie, hinter einer Harlekinmaske verborgen, eines seiner Gedichte auswendig vortrug. Zwei Jahre später waren sie verheiratet. Während Nabokov einige der bedeutendsten Werke der Weltliteratur verfasste, fungierte sie als seine Testleserin, Muse, Lektorin, Agentin, Übersetzerin, Managerin und angeblich sogar als seine bewaffnete Leibwächterin. Außerdem rettete sie das Manuskript seines Romans *Lolita* aus den

Flammen, das der von Zweifeln geplagte Nabokov bei mehreren Gelegenheiten vernichten wollte. Er war ihr Ein und Alles – und umgekehrt genauso, wie Nabokovs zahlreiche überschwängliche Liebesbriefe an seine Frau bezeugen. Diese schönen Worte schrieb er, nur wenige Monate nachdem sie sich kennengelernt hatten.

AN:

Landhausstraße 41

Berlin W.

8. November 1923

Wie kann ich Dir erklären, mein Glück, mein goldenes, wunderbares Glück, wie sehr ich ganz Dein bin – mit all meinen Erinnerungen, Gedichten, Gefühlswallungen, inneren Wirbelwinden? Erklären, dass ich kein Wort schreiben kann, ohne zu hören, wie Du es aussprechen wirst – und mich keiner durchlebten Kleinigkeit erinnern kann, ohne zu bedauern – so stechend! –, dass wir sie nicht gemeinsam durchlebt haben – sei es eine zutiefst, zutiefst persönliche, unbeschreibliche – oder bloß irgendein Sonnenuntergang an der Biegung eines Weges – verstehst Du, mein Glück?

Und ich weiß: Mit Worten kann ich Dir nichts sagen – und wenn ich es am Telefon versuche, dann kommt es ganz falsch heraus. Denn mit Dir muss man auf wundersame Weise reden, wie man zum Beispiel mit Menschen spricht, die schon lange nicht mehr sind, verstehst Du, wundersam im Sinne von Reinheit und Leichtigkeit und geistiger Genauigkeit – aber ich – *je patauge* [schwimme] furchtbar. Mit einem hässlichen Diminutiv indessen kann man Dich verletzen – denn Du bist so ganz klangvoll – wie das Wasser des Meeres, meine Entzückende.

Ich schwöre – und der Tintenklecks hat nichts damit zu tun –, ich schwöre bei allem, was mir teuer ist, bei allem, woran ich glaube – ich schwöre, dass ich so, wie ich Dich liebe, noch nie zuvor jemanden geliebt habe – mit solcher Zärtlichkeit –, dass mir die Tränen kommen – und mit einem solchen Gefühl strahlenden Glanzes. Auf diesem Blatt, meine Liebste, habe ich irgendwann angefangen, ein Gedicht für Dich zu schreiben, und dieser höchst lästige Stummel ist übrig geblieben –, ich bin ins Straucheln geraten. Aber anderes Papier habe ich nicht. Und vor allem will ich, dass Du glücklich bist, und es scheint mir, als könnte ich Dir dieses Glück geben – ein sonniges, einfaches Glück – und ein nicht ganz gewöhnliches.

Und Du musst mir meine Kleinlichkeit verzeihen – dass ich mit Abscheu daran denke –, wie ich – *practically* – morgen diesen Brief abschicke –, doch gleichzeitig bin ich bereit, Dir all mein Blut zu geben, falls es nötig wäre –, es ist schwer zu erklären – klingt platt –, aber so ist es. Hier, ich sage es Dir – mit meiner Liebe hätte ich zehn Jahrhunderte von Feuer, Liedern und Heldenmut ausfüllen können – zehn ganze Jahrhunderte, gewaltig und geflügelt –, voll von Rittern, die brennende Hügel hinaufreiten – und von Legenden über Riesen – und von erbitterten Trojas – und orangefarbenen Segeln – und Piraten – und Poeten. Und dies ist keine Literatur, denn wenn Du noch mal aufmerksam liest, wirst Du sehen, dass die Ritter sich als dick erweisen.

Nein – ich möchte Dir einfach nur sagen, dass ich mir ein Leben ohne Dich irgendwie nicht vorstellen kann –, auch wenn Du glaubst, ich sei »froh«, Dich zwei Tage nicht zu sehen. Und weißt Du, wie sich herausstellt, hat gar nicht Edison das Telefon erfunden, sondern irgendein anderer Amerikaner, ein stiller kleiner Mann, an dessen Namen sich niemand erinnert. Geschieht ihm recht.

Hör zu, mein Glück – Du wirst doch nicht mehr sagen, dass ich Dich quäle? Wie gern würde ich Dich irgendwohin entführen – Du weißt schon, wie diese Räuber von einst es gemacht haben: breitkrempiger Hut, schwarze Maske und Trichter-Muskete. Ich liebe Dich, ich will Dich, ich brauche Dich unerträglich … Deine Augen – die so überrascht leuchten, wenn Du mit zurückgeworfenem Kopf etwas Lustiges erzählst –, Deine Augen, Deine Stimme, Lippen, Deine Schultern – so leicht, sonnig …

Du bist in mein Leben gekommen – nicht wie man auf Besuch kommt (Du weißt schon, »ohne den Hut abzunehmen«), sondern wie man in ein Königreich kommt, wo alle Flüsse auf Dein Spiegelbild gewartet haben, alle Wege auf Deine Schritte. Das Schicksal wollte seinen Fehler korrigieren – als hätte es mich für all seine bisherigen Täuschungen um Vergebung gebeten. Wie also soll ich von Dir fortgehen, mein Märchen, meine Sonne? Verstehst Du, wenn ich Dich weniger liebte, dann müsste ich gehen. Aber so – ergibt es einfach keinen Sinn. Und sterben will ich auch nicht. Es gibt zwei Arten von »komme, was da wolle«. Willenlos und willensstark. Verzeih mir – aber ich lebe auf die zweite Art. Und Du kannst mir nicht den Glauben an das nehmen, worüber nachzudenken ich mich fürchte – es wäre ein solches Glück … Und hier ist noch ein Versstummel.

Ja: eine altmodische, Langsamkeit der Rede-
weise,
stählerne Schlichtheit … Je feuriger das Herz:
Stahl, im Flug erhitzt …

Das ist ein Stückchen meines Poems – hat aber nicht hineingepasst. Habe es irgendwann aufgeschrieben, um es nicht zu vergessen, und hier ist es jetzt – ein Splitter.

All dies schreibe ich im Bett liegend, mit einem großen Buch als Unterlage für das Blatt. Wenn ich bis spät in die Nacht arbeite, werden bei einem der Porträts an der Wand (irgendeine Urgroßmutter unseres Hauswirts) die Augen starr und äußerst unangenehm. Sehr gut, dass ich am Ende dieses Stummels angelangt bin; hat sehr gestört.

Meine Liebste, gute Nacht …

Weiß nicht, ob Du diesen schlampigen Brief lesen kannst … Aber wie auch immer … Ich liebe Dich. Werde morgen um 11 Uhr abends auf Dich warten – sonst ruf mich nach 9 Uhr an.

V.

WIR WAREN EINS

Maud Gonne an W. B. Yeats

26. Juli 1908

Übersetzt von Katja Bendels

Viermal innerhalb eines Jahrzehnts bat Nobelpreisträger W. B. Yeats die irische Schauspielerin und Aktivistin Maud Gonne, ihn zu heiraten – 1891, 1899, 1900 und 1901 –, und jedes Mal wurde er abgewiesen. Und um alles nur noch schlimmer zu machen, zerstörte sie 1903 jegliche Hoffnung des Dichters, dass sie einfach nur der Eheschließung abgeneigt war, indem sie den Antrag eines anderen Mannes, eines gewissen Major John MacBride, annahm. Doch Gonne und Yeats blieben einander eng verbunden, und viele Jahre lang inspirierte sie ihn gleichsam als Muse zu zahlreichen Gedichten. Außerdem teilten die beiden einen Hang zum Okkulten, und im Juli 1908, einige Monate bevor ihre Freundschaft endgültig zu Ende ging, schrieb Maud ihm diesen Brief.

Paris, 26. Juli 1908

Willie,

nicht nach einer Woche, nein, gleich am nächsten Tag schreibe ich Dir. In der vergangenen Nacht habe ich etwas so Wundervolles erlebt, dass ich gleich wissen muss, ob Du es ebenfalls empfunden hast & wie? Denn unter keinen Umständen möchte ich irgendetwas tun, das Dich von Deiner Arbeit ablenkt oder sie noch mühsamer macht.

Dein Stück wird wundervoll & muss absoluten Vorrang haben – nichts darf dazwischenkommen.

Gestern Abend hat sich mein gesamter Haushalt um Viertel vor 11 zur Ruhe begeben, und ich beschloss, astral zu Dir zu reisen. Um diese Zeit arbeitest Du normalerweise nicht, & ich dachte mir, vielleicht könnte ich Dir gar ein wenig von meiner Vitalität & Energie dalassen, sodass die Arbeit am nächsten Tag nicht allzu quälend würde – am Tag zuvor hatte ich beim Erwachen eine kuriose ägyptisch anmutende Form über mir schweben sehen (wie in dem Bild von Blake, in dem die Seele den Körper verlässt) – sie war in mottenähnliche Gewänder gehüllt & hatte sonderbare goldgeränderte Flügel, in denen sie sich komplett verbergen konnte. – Ich vermutete, dass ich selbst es war, ein Körper, mit dem ich in die Astralebene hinaustreten könnte – um Viertel vor 11 gestern Abend zog ich also diesen Körper an & dachte sehr konzentriert an Dich & wünschte mir, zu Dir zu reisen.

Wir flogen hinaus ins Universum, ich weiß nicht wohin – aber ich sah Sternenlicht & hörte das Meer unter uns. Du hattest, so glaube ich, die Gestalt einer großen Schlange angenommen, aber ich bin mir nicht sicher. Ich konnte nur Dein Gesicht deutlich erkennen, & als ich Dir in die Augen sah (so wie an dem Tag in Paris, an dem Du mich fragtest, woran ich dachte), berührten Deine Lippen die meinen. Wir verschmolzen miteinander, bis wir eins waren, eine Einheit größer als wir selbst, die alles fühlte & alles wusste, und das mit doppelter Intensität – da schlug die Uhr 11 und brach den Bann, & als wir uns voneinander trennten, fühlte ich mich, als risse mir jemand das Leben aus der Brust, sodass es beinahe körperlich schmerzte.

Ich reiste noch zwei weitere Male, und immer war es dasselbe – jedes Mal holte mich irgendein leises Geräusch im Haus wieder zurück. Dann ging ich hinauf ins Bett & träumte wirre Träume von Dir aus dem normalen Leben. Wir waren gemeinsam in Italien (ich glaube, das kam von irgendeinem Wort in Deinem Brief, den ich vor dem Schlafengehen noch einmal gelesen hatte). Wir waren recht glücklich & sprachen über die wundervolle spirituelle Vision, die ich gerade beschrieben habe – Du sagtest, so etwas neige dazu, körperliches Begehren zu verstärken. – Das verwirrt mich, denn diese Vereinigung hatte nichts Körperliches – eine materielle Vereinigung ist im Vergleich dazu nur ein blasser Schatten –, schreib mir rasch & sag mir, ob Du irgendetwas davon weißt & was Du darüber denkst – & ob ich wieder so zu Dir kommen darf. Ich werde nicht kommen, bis ich von Dir gehört habe. Meine Gedanken sind bei Dir.

Maud Gonne

SIE SIND MIR INS AUGE GEFALLEN

Simon Fallowfield an Mary Foster

29. November 1866

Übersetzt von Frank Dabrock

Am 29. November des Jahres 1866 fasste sich der Bauer Simon Fallowfield, ein Mann mittleren Alters, ein Herz und machte in einem Brief einer jungen Frau namens Mary Foster, die ihm mehrfach aufgefallen war, die er aber kaum kannte, einen Heiratsantrag. Es überrascht allerdings kaum, dass Mary sein überaus großzügiges Angebot ablehnte. Ob seinem Plan B Erfolg beschieden war, steht dabei auf einem ganz anderen Blatt.

Sehr geehrte Miss,

ich nehme meinen Stift zur Hand, um Ihnen zu schreiben, in der Hoffnung, dass es Ihnen gut geht, während ich diese Zeilen, Gott sei's gedankt, zu Papier bringe. Es wird Sie vielleicht verwundern, dass ich es wage, Ihnen, einer so feinen Dame, zu schreiben, und ich hoffe, dass Sie mir deswegen nicht böse sind. Ich traue mich kaum, mein Ansinnen vorzubringen, denn was die Damen betrifft, bin ich äußerst schüchtern, und mein Herz zittert wie ein junges Lamm. Aber ich habe mal in einem Buch gelesen, dass man mit Kleinmut noch nie eine schöne Dame erobert hat, darum jetzt zu meinem Anliegen.

Ich bin ein bescheidener Bauer und etwas über vierzig Jahre alt. Meine Mutter lebt mit mir unter einem Dach und führt den Haushalt, aber in letzter Zeit geht es ihr ziemlich schlecht, und sie kann sich kaum bewegen, darum denke ich, dass mein Leben mit einer Ehefrau angenehmer wäre.

Sie sind mir schon vor langer Zeit ins Auge gefallen, und ich halte Sie für eine äußerst reizende junge Dame, die mich glücklich machen würde, wenn Sie nur dazu gewillt wären. Wir haben eine Magd, welche die drei Kühe melkt und sich um den Haushalt kümmert, und im Sommer sammelt sie hin und wieder Brombeeren, und im Herbst erntete sie Steckrüben. Ich lege auf der Farm ebenfalls Hand an und habe einen Stand auf dem Markt in Pately. Manchmal biete ich ein paar Schafe zum Verkauf an und mäste zu Weihnachten drei bis vier Schweine. Besagte Magd macht sich im Haus nützlich, indem sie Pasteten und Kuchen backt und dergleichen Tätigkeiten mehr verrichtet, und ich verkaufe den Schinken, um das Gerstenmehl bezahlen zu können.

Ich habe etwa dreiundsiebzig Pfund auf der Bank in Knaresborough, und im Erdgeschoss unseres Hauses ist ein hübsches kleines Wohnzimmer mit blauem Teppichboden. Auf der einen Seite des Kamins steht ein Ofen, und auf der anderen sitzt meine alte Mutter und raucht. An der Wand über der Bank hängen die Goldenen Regeln, und Sie könnten den ganzen Tag im Sessel sitzen, stricken und meine Jacken und

Hosen flicken. Sie könnten Tee kochen, wenn ich nach Hause komme, und Butter für den Markt in Patley machen. Außerdem würde ich Sie jeden Sonntag mit dem Pferdekarren zur Kirche fahren und alles in meiner Macht Stehende tun, um Sie glücklich zu machen. Ich hoffe also, von Ihnen zu hören. Ich bin erfüllt von Verzweiflung und Sehnsucht und gedenke, Sie am Maifeiertag zu heiraten, oder früher, falls meine Mutter vorher sterben sollte. Wenn Sie mich nur zum Mann nehmen wollten, meine Teuerste, könnten wir zusammen sehr glücklich werden.

Ich hoffe, Sie teilen mir Ihre Entscheidung umgehend mit, und sollten Sie einverstanden sein, werde ich voll und ganz Ihren Anforderungen entsprechen. Das ist augenblicklich alles, und ich sende Ihnen mein Wohlwollen und meine aufrichtige Liebe.

Simon Fallowfield

PS: Ich hoffe, Sie werden niemandem von der Sache erzählen. Sollten Sie mich nicht zum Mann nehmen wollen, habe ich noch eine andere äußerst reizende Frau im Auge, die ich in diesem Fall zu heiraten gedenke. Aber ich dachte, dass Sie besser zu meiner Mutter passen würden, da sie manchmal sehr mürrisch sein kann.

JETZT WEINE ICH UNAUFHÖRLICH

Nadeschda Mandelstam an

Ossip Mandelstam

22. Oktober 1938

Übersetzt von Kristof Kurz

Am 13. Mai 1934 – beinahe ein Jahr nachdem er vor einigen Freunden ein satirisches Gedicht über Stalin vorgetragen hatte – wurde Ossip Mandelstam, einer der bedeutendsten russischen Dichter seiner Zeit, verhaftet. Glücklicherweise entging er der Todesstrafe, wurde jedoch zusammen mit seiner Frau Nadeschda in die Stadt Woronesch verbannt. 1938 wurde der Dichter ein zweites Mal verhaftet und in ein Arbeitslager gebracht, wo er schließlich starb. Im Oktober 1938, zwei Monate vor seinem Tod, schrieb ihm seine Frau diesen Brief. Nadeschda konnte erst sechsundzwanzig Jahre später nach Moskau zurückkehren. 1970 erschienen ihre Lebenserinnerungen mit dem Titel *Das Jahrhundert der Wölfe*.

22. Oktober 1938

Osia, mein so weit entfernter Geliebter!

Mein Schatz, mir fehlen die Worte, um diesen Brief zu schreiben, den Du womöglich nie lesen wirst. Ich schreibe in den leeren Raum hinein. Vielleicht kehrst Du auch zurück und suchst mich hier vergebens. Dann bleibt Dir nur dies hier als Erinnerung.

Osia, was war es für eine Freude, wie Kinder zusammenzuleben – unser Zank und unsere Diskussionen, unsere Spiele, unsere Liebe. Jetzt blicke ich noch nicht einmal mehr zum Himmel auf. Denn wenn ich dort eine Wolke sehe, wem soll ich sie zeigen?

Weißt Du noch, wie wir wie die Nomaden unser Zelt aufgeschlagen und unseren kärglichen Proviant genossen haben? Erinnerst Du Dich, wie gut das Brot geschmeckt hat, das wir wie durch ein Wunder bekommen hatten und zusammen aßen? Erinnerst Du Dich an den letzten Winter in Woronesch? An unsere glückliche Armut und die Gedichte, die Du geschrieben hast? Ich weiß noch, wie wir einmal von der Badeanstalt zurückkamen und Eier oder Wurst gekauft haben und ein Heuwagen an uns vorbeifuhr. Es war noch kalt, und ich fror in meiner kurzen Jacke (aber kein Vergleich zu dem, was wir jetzt ertragen müssen: Ich weiß, wie sehr Du frierst). An diesen Tag erinnere ich mich gerade. Und jetzt verstehe ich so schmerzhaft deutlich, dass jene Wintertage mit all ihren Sorgen die größte und letzte Freude waren, die uns im Leben zuteilwurde.

Meine Gedanken gelten ganz Dir. Jede Träne, jedes Lächeln ist für Dich. Gesegnet seien jeder Tag und jede Stunde unseres gemeinsamen bitteren Daseins, mein Geliebter, mein Gefährte, der mich blind durchs Leben geführt hat.

Denn wir waren wie zwei blinde Welpen, die sich gegenseitig beschnuppern und einer die Gesellschaft des anderen genießen. Wie sehr Dein armer Kopf von fiebriger Erregung geplagt wurde, wie wahnsinnig wir unsere Lebenszeit verschwendeten. Das war Glück, und wir wussten, was für ein Glück es war.

Das Leben kann so lang sein. Hart und lang, wenn wir beide allein sterben müssen. Ist uns Unzertrennlichen ein solches Schicksal bestimmt? Womit verdienen wir Welpen und Kinder dies, womit verdienst Du es, mein Engel? Das Leben geht weiter. Ich weiß nichts. Und doch weiß ich alles – jeden Tag, jede Stunde Deines Lebens sehe ich so klar und deutlich wie im Delirium.

Du erscheinst mir jede Nacht im Schlaf, und ich frage Dich, was passiert ist, aber Du antwortest nicht.

In meinem letzten Traum habe ich in einem schäbigen Hotelrestaurant Essen für Dich gekauft. Die Menschen dort waren mir völlig fremd. Sobald ich das Essen hatte, wusste ich nicht, wohin damit, denn ich weiß nicht, wo Du bist.

»Osia ist tot«, sagte ich zu Schura, als ich aufwachte. Ich weiß nicht, ob Du noch lebst, doch seit diesem Traum habe ich Dich aus den Augen verloren. Ich weiß nicht, wo Du bist. Kannst Du mich hören? Weißt Du, wie sehr ich Dich liebe? Ich konnte Dir nie sagen, wie sehr ich Dich liebe, und ich kann es auch jetzt nicht. Ich spreche nur zu Dir, nur zu Dir. Du bist immer bei mir. Ich war wild und wütend und nicht in der Lage, einfache Tränen zu vergießen – und jetzt weine ich unaufhörlich.

Ich bin es: Nadia. Wo bist Du?

Leb wohl

Nadia

HEIRATE DOCH EINFACH

Zora Neale Hurston an (ihren Ex-Mann) Herbert Sheen

7. Mai 1953

Übersetzt von Lisa Kögeböhn

Im Jahr 1920, während ihres Studiums an der Howard University in Washington, D.C., lernte die neunundzwanzigjährige Schriftstellerin Zora Neale Hurston, die spätere »Königin der Harlem-Renaissance«, den sechs Jahre jüngeren Jazzpianisten Herbert Sheen kennen, mit dem sie schon bald sehr viel Zeit verbrachte. Sie verliebten sich und heirateten 1927, beschlossen jedoch schon vier Jahre danach, getrennte Wege zu gehen, aber in Zukunft trotz neuer Ehepartner gute Freunde zu bleiben. Sie schrieben sich regelmäßig, und im Jahr 1953 berichtete Sheen Hurston von seinen aktuellen Beziehungsproblemen: Er wollte seine zweite Ehefrau Quinlock verlassen und stattdessen eine »junge Dame« heiraten. Dies war Hurstons Antwort:

Eau Gallie, Florida

7. Mai 1953

Lieber Herbert,

ach, ich bin Dir sehr dankbar für den Rat bezüglich meiner »Angst«. Woher wusstest Du, dass ich einen benötige? Hast Du die Diagnose anhand meiner Briefe gestellt oder einfach das Gefühl gehabt, ich könnte einen Rat gebrauchen? Du bist ein toller Arzt.

Die Schlüsse, die Du aus den Reaktionen der kirchlichen Würdenträger gezogen hast, sind äußerst scharfsinnig. Ja, natürlich sind sie auch nur Menschen. Sie würden niemals zugeben, dass sie vor all den Jahren in Tyler, Texas, womöglich einen Fehler gemacht haben. »Autorität« ist der Obrigkeit heilig, sie werden kein bisschen, nicht ein Jota davon opfern. Der dortige Priester ist anscheinend der Ansicht, Dein Fall ähnele dem Heinrichs VIII., und behandelt ihn dementsprechend. Wie ich höre, behauptet Quinlock, der finanzielle Erfolg sei Dir zu Kopf gestiegen, und Du seist wild entschlossen, alles und jeden zugrunde zu richten, der es wagt, sich Dir entgegenzustellen. Darüber hat sie sich bestimmt auch bei den Kirchenvätern beklagt. Gesetzt den Fall, dass es Dir noch nicht dargelegt wurde: Die Sacra Romana Rota, deren Urteil bei Scheidungen maßgeblich ist, nennt als einzig gültige Grundlage für die Gewährung einer Scheidung, dass einen der Partner die Ehe unaufrichtig eingegangen ist, also ohne den Vorsatz, sie zu vollziehen. Aus anderen Gründen, als einen »heiligen« Bund einzugehen. Behalte das im Hinterkopf, wenn Du Monsignore Fulton J. Sheen aufsuchst. Ich kenne ihn nicht, aber Claire Boothe Luce hat mir von ihm erzählt. Dem Vernehmen nach wirst Du bei ihm eher auf Verständnis stoßen als bei den kleinen Fischen. Er ist kein strikter Verfechter der Tradition, sondern geht mit der Zeit in seinen Ansichten.

Heute hat mir Mr. Burch von der Kanzlei Van G. Werley den Bericht gebracht, 41 Seiten, der die Zeit von damals, als Florida noch zu Spanien gehörte, bis heute ins Jahr 1953 abdeckt. Das Grundstück ist unbelastet und ohne Pfandverschreibungen bis auf die Steuern für das Jahr

1953, die allerdings erst am 1. November 1953 fällig sind. $ 16,50. Der Vertrag wurde Thomas R. Barr jr. in Fort Pierce zur Unterschrift vorgelegt, die Kopie erhalte ich in spätestens einer Woche. Dann schicke ich sie Dir, damit Du einen Blick darauf werfen kannst. Die Kanzlei dringt darauf, das Grundstück für Sozialbauten zu verwenden, aber im Moment steht mir eher der Sinn danach, auf einem halben Hektar exotische Mangos und auf zwei Hektar Orangen anzupflanzen. Die Nachfrage nach Orangensaftkonzentrat reißt nicht ab, und der Preis ist gut. Seit der Erfindung von Saftkonzentrat ist eine landes- und weltweite Belieferung ohne Verluste möglich, die Frucht ist wirklich auf dem Vormarsch. Du musst nur den Obsthain zur Verfügung stellen, um den Rest kümmern sich die großen Firmen.

Es geht mich nichts an, aber an Deiner Stelle würde ich mich vom Verbot durch die Kirche nicht beirren lassen. Heirate doch einfach, wenn Du es wirklich willst. Wer weiß, vielleicht wird Quinlock eines Tages von einem Zehntonner überrollt, dann kannst Du immer noch kirchlich heiraten. Meiner Meinung nach sind Priester auch nur Männer, und zwar Männer ohne Deine Erfahrung mit allem Weltlichen, insbesondere mit Frauen. Sie urteilen auf Basis der Theorie statt der Praxis, und sie sind mit Gott auch nicht vertrauter als Du. Ich bin auch weiterhin der Ansicht, dass die Menschheit keine bessere Institution hätte erfinden können als die römisch-katholische Kirche, wenn es darum geht, spirituellen Trost zu spenden. Aber mir war gleichzeitig immer bewusst, dass sie in erster Linie menschengemacht ist. Was wurde ich schon von Priestern für diese rationale Weltsicht gescholten, doch alles dem Glauben anzuvertrauen erlaubt mir mein Verstand nicht.

Eines frage ich mich, Herbert: Angenommen, Gott ist allmächtig und allwissend und will, dass die Menschen gewisse Dinge erfahren und nach diesen Grundsätzen handeln, und angenommen, Er offenbart diese nur Einzelnen – wenn Sein Wille so bedeutend ist, warum kann er dann nicht allen offenbart werden? Warum sollte Er dann so leicht zu missdeuten sein? Wozu so viele Religionen? Warum sollte Er sich einem Araber in einem Licht »offenbaren« und einem Europäer in einem anderen? Und einem Hindu in noch einem anderen und einem Mongolen in wieder einem anderen? Nein, das leuchtet mir nicht ein. Für mich zeigen diese unterschiedlichen Sichtweisen, dass die Menschen sich alle auf ihre eigene Weise an ein göttliches Konzept herantasten, da es nirgendwo einen stichhaltigen Beweis gibt. Ich glaube nicht an eine bärtige Gottheit auf einer Wolke. Das ist ein rein menschengemachtes, anthropomorphes Konzept. Gott nach dem Bilde des Menschen geschaffen. Meiner Ansicht nach gibt es ein GESETZ, nach dem sich alles im Universum richten muss. Die Erklärung dafür kenne ich nicht, auch wenn ich sie gern kennen würde. Wir verwechseln zwischenmenschliche, gesellschaftliche Vereinbarungen mit Göttlichkeit. Ich kann mir nicht vorstellen, dass es für dieses Gesetz eine Rolle spielt, mit wem Du »hingehst und Dich mehrest«, mit Quinlock oder der »jungen Dame«. Du kannst das Gebot Deines Körpers zur Fortpflanzung nicht leugnen, das von keiner menschlichen Theorie verwässert wird (was wiederum mein Argument stützt, dass das GESETZ in diesem

Punkt klar und deutlich in Erscheinung tritt) und unabhängig von zwischenmenschlichen, gesellschaftlichen Regeln ist – denn um nichts anderes geht es hier. Ehegesetze und soziale Gesetze wurden in erster Linie ersonnen, um Kinder und die Mütter dieser Kinder zu schützen, mehr nicht. Du darfst Dir die Frau Deiner Träume nicht auf Erden vorenthalten in dem Glauben, sie im Himmel als Belohnung zu bekommen. Ich war noch nicht dort, aber mir hat jemand geflüstert, dass Engel im Ehebett fehl am Platz sind, so ganz ohne Geschlechtsorgane. Vielleicht werden Putten deshalb immer nur als Köpfe dargestellt. Siehst Du, wohin das führt? Du und die »junge Dame« werdet Euch im Jenseits als Köpfe mit einem Paar Flügel unterm Kinn treffen. Das klingt nicht sehr lustig, oder? Der muslimische Himmel ist da schon wesentlich aufregender mit seinen wunderschönen Frauen, die die männlichen Seelen umringen. Huris. Aber wie Du weißt, warten sie das nicht einmal ab, sondern kosten schon das Hier und Jetzt in vollen Zügen aus. Eigentlich eine wesentlich realistischere Religion. Sie richtet sich nach der Natur, statt

Sünden zu erfinden, für die man büßen muss. Der Mensch hat die Sünde erfunden, nicht Gott. Tief religiöse Menschen sind entweder Sadisten oder Masochisten, manchmal sogar beides. Sie leiden gern, kasteien sich selbst, und es macht sie rasend, wenn man nicht genauso leidet wie sie, dann bekommt man ihre Rache zu spüren. Die berühmte Geschichte von Heloise und Abaelard ist für mich nur deshalb so tragisch, weil die beiden Schafsköpfe so viel Zeit damit verbracht haben, sich Selbstvorwürfe zu machen, statt Nonnenschleier und Mönchskutte abzuwerfen und ihren eigenen Weg zu gehen. Die Menschen verschwenden zu viel Zeit mit der Frage, ob eine Beziehung halten wird. Man sollte sie genießen, solange sie hält, und hinterher nichts bereuen. Das ist der entscheidende Unterschied zwischen Quinlock und mir. Ich blicke mit Freude und ohne Reue auf unsere gemeinsame Zeit zurück. Sie hingegen ist verbittert und sinnt auf Rache, weil Eure Beziehung nicht gehalten hat. Liebe sollte nur so lange halten, wie sie einem Freude bereitet. Ergo ist Quinlock nicht zur Liebe fähig, sondern nur zu der besitzergreifenden Raserei, die so viele Menschen mit Liebe verwechseln. »Ich habe ihn aus Liebe getötet.«

Auf dass der Tag der Freiheit nicht mehr fern sei!

Alles Liebe

Zora

Falls Du doch nicht das in Kalifornien vorgeschriebene Jahr abwarten willst, wäre Guatemala-Stadt ein sehr empfehlenswerter Ort zum Heiraten. Hochgelegen, kühl und wunderschön.

NOCH GANZ NAH

Marina Zwetajewa an

Rainer Maria Rilke

1926–27

Übersetzt von Angela Martini-Wonde
Einleitung übersetzt von Kristof Kurz

Die beiden berühmten Dichterpersönlichkeiten Rainer Maria Rilke und Marina Zwetajewa sind sich nie begegnet, und auch ihre Brieffreundschaft dauerte nur acht Monate. Dennoch lässt sich aus ihrer Korrespondenz eine tiefe Verbundenheit herauslesen. Im April 1926 hatte sie ihr Kollege Boris Pasternak schriftlich einander vorgestellt: Rilkes erstem Brief an Zwetajewa lagen signierte Ausgaben seiner Werke bei, woraufhin sie mit »Sie sind die Inkarnation der Poesie« antwortete. Kurz darauf erhielt sie neue, allein ihr gewidmete Gedichte. Leider war es ihrer Liebe nicht vergönnt, sich zu voller Blüte zu entfalten: Am 29. Dezember desselben Jahres starb Rilke an Leukämie – er hatte Zwetajewa bereits davon berichtet, dass er seit geraumer Zeit gegen diese Krankheit kämpfte. Zwei Tage nach seinem Tod begann sie einen letzten Brief an Rilke, an dem sie zwei Monate lang schrieb, aber den sie nie abschickte.

Bellevue

31. Dezember 1926, 10 Uhr abends

Das Jahr geht mit Deinem Tod? Das Ende? Der Anfang? (Liebster, ich weiß, dass Du mich jetzt – Rainer, jetzt wein ich –, dass Du mich jetzt ohne Post lesen kannst, eben liesest. Liebster, wenn *Du* gestorben bist, gibt es keinen Tod, ist Leben keines. Was noch? Die kleine Stadt in der Savoye – wann? wo? Rainer, und das Schlafnest? Jetzt kannst Du russisch und weißt, dass Nest – гнездо ist, und mehreres noch.

Ich will Deinen Brief nicht nach (wieder!) lesen, denn sonst werde ich nicht »leben« wollen (»können«? »kann alles«, gilt nicht) – zu Dir wollen –, nicht hier wollen. Rainer, ich weiß, dass Du gleich rechts bist. Deinen hellen Kopf fühl ich fast. Ob Du einmal meiner gedacht hast?

[…]

Arme ich.

Doch – nicht traurig sein! Heut Nacht um zwölf stoß ich (oh, ganz sachte, Lärm leiden wir beide nicht) mit Dir an. Liebster, mach, dass ich manchmal von Dir träume.

An ein hieriges Zusammenkommen haben wir beide nie geglaubt; – wie aufs Hier sein, ja? Du bist mir vorangegangen und ordnest – Stube nicht, Haus nicht – die Landschaft zu meinem Bewillkommen.

Ich küsse Dich auf den Mund? Schläfe? Stirn? Lieber Mund (denn tot bist Du nicht), wie einen rechten Lebenden.

Liebster, lieb mich anders und mehr als alle. Sei mir nicht bös –, gewöhne Dich meiner, denn so bleibe ich.

Was noch?

Zu hoch, vielleicht? Nicht hoch, nicht weit […] noch nicht, noch ganz nah, Stirn an Schulter.

Mein lieber großer Junge – Du, Rainer, *schreib* mir! (Dumm genug, die Bitte?)

Freudiges Neujahr und eine schöne Himmelneujahrslandschaft.

Marina

UNSTERBLICHE GELIEBTE

Ludwig van Beethoven an seine

»Unsterbliche Geliebte«

Juli 1812

Einleitung übersetzt von Kristof Kurz

Als der deutsche Komponist Ludwig van Beethoven im März 1827 mit sechsundfünfzig Jahren starb, hinterließ er nicht nur ein die Zeiten überdauerndes musikalisches Erbe, sondern auch einen der berühmtesten und rätselhaftesten Liebesbriefe der Weltgeschichte. Das Schreiben wurde kurz nach Beethovens Tod von einem Freund neben mehreren anderen persönlichen Papieren in einer Geheimschublade in einem Kleiderschrank entdeckt. Er ist nicht datiert, doch aufgrund des Wasserzeichens im Papier wissen wir, dass er aus dem Jahr 1812 stammt. Beethoven schrieb den Brief, der ganz offensichtlich nie abgeschickt wurde, im Laufe zweier Tage als er sich in der böhmischen Stadt Teplitz von einer Krankheit erholte. Die Identität der Adressatin – Beethovens »Unsterbliche Geliebte« – ist bis heute nicht geklärt.

Teplitz, am 6ten Juli 1812, Morgends.

Mein Engel, mein alles, mein Ich. – nur einige Worte heute, und zwar mit Blejstift – (mit Deinem) – erst bis morgen ist meine Wohnung sicher bestimmt, welcher Nichtswürdige Zeitverderb in d. g. [in dergleichen]. – warum dieser tiefe Gram, wo die Nothwendigkeit spricht – Kann unsre Liebe anders bestehn als durch Aufopferungen, durch nicht alles verlangen, kannst Du es ändern, daß Du nicht ganz mein, ich nicht ganz Dein bin – Ach Gott, blick in die schöne Natur und beruhige Dein Gemüth über das müßende – die Liebe fordert alles und gantz mit recht, so ist es mir mit Dir, Dir mit mir – nur vergißt Du so leicht, daß ich für mich und für Dich leben muß, wären wir gantz vereinigt, Du würdest dieses schmerzliche eben so wenig als ich empfinden –[…] wir werden unß wohl bald sehn, auch heute kann ich Dir meine Bemerkungen nicht mittheilen, welche ich während dieser einigen Tage über mein Leben machte – wären unsre Herzen immer dicht an einander, ich machte wohl d. g. [dergleichen] die

Brust ist voll, Dir viel zu sagen – Ach – Es gibt Momente, wo ich finde, daß die Sprache noch gar nichts ist – erheitre Dich – bleibe mein treuer eintziger Schaz, mein alles, wie ich Dir, das übrige müßen die Götter schicken, was für unß sejn muß und sejn soll.

Dein treuer

Ludwig.

Abends, Montags am 6ten Juli

Du leidest mein theuerstes Wesen – eben jetzt nehme ich wahr, daß die Briefe in aller Frühe aufgegeben werden müßen. Montags – Donnerstags – die eintzigen Tage, wo die Post von hier nach K. geht – Du leidest – ach, wo bin ich, bist auch Du mit mir, mit mir und Dir rede ich, mach, daß ich mit Dir leben kann, welches Leben!!!! so!!!! ohne Dich – verfolgt von der Güte der Menschen hier und da, die ich meine – eben so wenig verdienen zu wollen, als sie zu verdienen –

Demuth des Menschen gegen den Menschen – sie schmerzt mich und wenn ich mich im Zusammenhang des Universums betrachte, was bin ich und was ist der – den man den größten nennt – und doch – ist wieder hierin das Göttliche des Menschen – ich weine wenn ich denke daß Du erst wahrscheinlich Sonnabends die erste Nachricht von mir erhältst – wie Du mich auch liebst – stärker liebe ich Dich doch – doch nie verberge Dich vor mir – gute Nacht – als Badender muß ich schlafen gehen, ach Gott – so nah! so weit!
ist es nicht ein wahres Himmels-Gebäude, unsre Liebe – aber auch so fest, wie die Veste des Himmels!

guten Morgen am 7ten Juli

Schon im Bette drängen sich die Ideen zu Dir meine Unsterbliche Geliebte, hier und da freudig, dann wieder traurig. Vom Schicksale abwartend, ob es unß erhört – leben kann ich entweder
nur gantz mit Dir oder gar nicht, ja ich habe beschlossen in der Ferne so lange herumzuirren,

bis ich in Deine Arme fliegen kann, und mich ganz heimathlich bej Dir nennen kann, meine Seele von Dir umgeben ins Reich der Geister schicken kann – ja leider muß es sejn – Du wirst Dich fassen um so mehr, da Du meine Treue gegen Dich kennst, nie eine andre kann mein Herz besizen, nie – nie – o Gott warum sich entfernen müßen, was man so liebt und doch ist mein Leben in V. [Wien] so wie jezt ein kümmerliches Leben – Deine Liebe macht mich zum Glücklichsten und zum Unglücklichsten zugleich in meinen Jahren jetzt bedürfte ich einiger Einförmigkeit, Gleichheit des Lebens – kann diese bej unserm Verhältniße bestehen? – Engel, eben erfahre ich, daß die Post alle Tage abgeht – und ich muß daher schließen, damit Du den B. gleich erhälst – sej ruhig, nur durch ruhiges Beschauen unsres Dasejns können wir unsern Zweck zusamen zu leben erreichen – sej ruhig – liebe mich – heute – gestern – welche Sehnsucht mit Thränen nach Dir – Dir – Dir – mein Leben mein alles – leb wohl – o liebe mich fort – verkenn nie das treuste Herz

Deines Geliebten

L.

ewig Dein

ewig mein

ewig unß

HEUTE ABEND BIN ICH GLÜCKLICH

Anne Morrow Lindbergh an Charles Lindbergh

2. Juli 1944

Übersetzt von Katja Scholtz

Am 2. Juli 1944 schrieb die Autorin und Pilotin Anne Morrow Lindbergh während einer Zugreise von Chicago nach San Francisco folgenden Brief an ihren Mann Charles Lindbergh – einen Pionier der Luftfahrt, der siebzehn Jahre zuvor durch seinen Nonstop-Flug von New York nach Paris mit der *Spirit of St. Louis* große Bekanntheit erlangt hatte. Die beiden blieben bis zu Charles' Tod im Jahr 1974 verheiratet – trotz zahlreicher Affären und einiger Kinder, die Charles mit anderen Frauen gezeugt hatte. Das Paar hatte auch mit der Entführung und Ermordung eines ihrer sechs Kinder, des zwanzig Monate alten Sohnes Charles jr., fertigwerden müssen; der Fall, bekannt als »Jahrhundertprozess«, führte zu einer intensiven Berichterstattung von bislang ungekanntem Ausmaß.

2. Juli

Lieber Charles,

ich bin auf dem Weg Richtung Westen. Ich hoffe, dass ich Dich dort finde. Ich komme mir reichlich extravagant und insgesamt ziemlich verrückt dabei vor, ohne große Gewissheit darüber, wann oder wo ich Dich treffen werde, quer durchs Land zu reisen.

Aber heute Abend bin ich glücklich. Ich habe beobachtet, wie die Maisfelder von Iowa immer dunkler wurden, habe die vorbeiziehenden Höfe gesehen – ein weißes Haus, eine rote Scheune und eine tapfere Gruppe von grünen Bäumen inmitten der Ozeane aus platten Feldern – wie eine Oase in einer Wüste. Glänzende Flanken von Pferden und glänzende Maisblätter. Und ich war überwältigt von der Schönheit und Üppigkeit dieses Landes, das ich so viele Male mit Dir überflogen habe. Und überwältigt von der Schönheit und Üppigkeit unseres gemeinsamen Lebens, diesen frühmorgendlichen Ausflügen, den Abenden, an denen unter uns Flüsse und

Seen im letzten Tageslicht glänzten. Die Gänseblümchenwiesen, auf denen wir landeten – und die staubigen Felder und Wüsten. Erinnerungen an viele Himmel und viele Erden unter uns – viele Tage, viele Sternennächte. »Wie süß sind doch die Wasser der Welt – sollten wir sterben, haben wir von ihnen getrunken. Sollten wir sündigen – oder uns trennen – sollten wir scheitern oder abtrünnig werden – dann haben wir das Glück geschmeckt – dann müssen wir in das Buch der Seligen eingetragen werden. Wir haben bekommen, was das Leben uns schenken konnte, wir haben vom Baum der Weisheit gegessen, wir haben erkannt – wir waren das Rätsel des Universums.«

Gute Nacht

Anne

DIES IST EIN LIEBESBRIEF, ODER ETWA NICHT?

John Jay Chapman an Minna Timmins

21. September 1892

Übersetzt von Nikolaus Hansen

Der Dichter John Jay Chapman, 1862 in New York geboren, war fünfundzwanzig Jahre alt, als er den Astronomen Percival Lowell mit einem Rohrstock züchtigte, weil dieser sich Chapmans Freundin und zukünftiger Frau Minna Timmins ungebührlich genähert hatte. Als er später feststellen musste, dass Lowell in der ihm vorgeworfenen Angelegenheit schuldlos war, unterzog sich Chapman einer Selbstbestrafung, indem er seine eigene Hand in ein Feuer hielt und sie so schwer verbrannte, dass nichts anderes übrigblieb, als sie zu amputieren. Statt vor derart wahnhaftem Verhalten die Flucht zu ergreifen, heiratete Timmins Chapman im darauffolgenden Jahr. 1892 schrieb er ihr diesen Liebesbrief –

einen von vielen, die sie wechselten, bis sie 1898 im Kindbett starb. Percival Lowell gelang später die erste fotografische Aufnahme des Zwergplaneten Pluto.

Littleton

Colorado

21. September 1892

Ich habe jeden einzelnen dieser Briefe in dem Glauben versiegelt, alles sei gesagt – und dann überflutete mich eine Welle des Glücks – in der Erinnerung an Dich – nur Dich, meine Minna – und die Freude des Lebens. Wo bist Du gewesen seit Anbeginn der Welt? Doch nun bist Du hier, um mich herum in jedem Winkel, Raum, Sonnenschein, mit Deinem Herzen und Deinen Armen und dem Glanz Deiner Seele – und damit die große Kraft Deiner Gegenwart. Es war keine leere Wüste in Colorado. Es war keine leere Zeit, denn Du bist hier, und zahlreiche Leben ballen sich zusammen in einem Leben, und der grüne Schössling aus dem Herzen einer Pflanze, der zur Nacht Blüten treibt, und viele alte Dinge haben zur Unsterblichkeit gefunden, und verlorene Dinge sind wieder aufgetaucht und haben sich im Inneren bemerkbar gemacht, sie stammen aus einer Zeit, bevor ich im Mutterschoß empfangen wurde, auch dort warst Du bereits. Und was gibt es über den Schmerz zu sagen! Es war unrecht – und die Selbstzerfleischung, sie war unausweichlich. Es war das Brechen der Dämme, die nicht hätten errichtet werden dürfen – aber da sie nun einmal standen, mussten sie fortgespült werden, damit die Wasser zusammenfließen konnten.

Dies ist ein Liebesbrief, oder etwa nicht? Wie lange habe ich Dir keinen Liebesbrief mehr geschrieben, meine Liebe, meine Minna! War der Frühling irgendwo verborgen, der jetzt emporquillt und Bürgersteig und Mauerkrone überflutet und mir Füße und Knie und mein ganzes Selbst umspült? Wie süß sind doch die Wasser der Welt – sollten wir sterben, haben wir von ihnen getrunken. Sollten wir sündigen – oder uns trennen – sollten wir scheitern oder abtrünnig werden – dann haben wir das Glück geschmeckt – dann müssen wir in das Buch der Seligen eingetragen werden. Wir haben bekommen, was das Leben uns schenken konnte, wir haben vom Baum der Weisheit gegessen, wir haben erkannt – wir waren das Rätsel des Universums.

Ist Liebe Hand oder Fuß – ist sie ein Bild oder ein Gedicht oder ein häuslicher Herd – ist sie eine Übereinkunft oder eine Erlaubnis oder Adler, die sich in den Wolken begegnen – nein, nein nein, nein. Sie ist Licht und Hitze und Hand und Fuß und Stolz. Nehme ich die Flügel des Morgens und verweile in den fernsten Weiten des Meeres, dann wirst auch Du ebendort sein – Er ist zur Hölle hinabgestiegen, und am dritten Tage ist er wieder auferstanden – und auch Du wirst ebendort sein – in Lust oder Geschäft – sei es strauchelnd in dürrer Einöde, sei es krank oder gesund – jede Sorte Krankheit auch dort gegenwärtig – was macht es schon aus, was es sonst noch gibt in der Welt, solange Du auf ihr wandelst und an jedem Ort zugegen bist? Ich entdecke keinen Winkel, an dem Du nicht bist – meine Augen könnten ihn nicht gewahren. Es herrscht Leere – ich habe alles gesehen, was da ist, und es ist nichts, und über die Schöpfung hast Du Deine Schwingen gebreitet.

Leben wir nicht schon drei Jahre zusammen – und täglich verschmelzen wir weiter miteinander, bis der Lebenssaft des Seins zwischen uns strömt und zirkuliert, bis ich, da ich dies schreibe – Deine Gedanken kenne – bis ich weiß, wenn ein Gefühl, eine Hoffnung, ein Gedanke mich durchfließt – sind es die Deinen? Warum die Qualen dieser alten Ausdrücke und Versuche ertragen, warum als tüchtig, als nervenstark erscheinen, den Blick starr auf den Stichel des Graveurs gerichtet, als käme es einzig darauf an, eine gerade Linie zu ziehen, diese Mengen Papier und diese Nächte leidenschaftlicher Gestaltung – haben sie ihre Arbeit tatsächlich so makellos verrichtet, dass der Zweck erreicht wurde – oder war es nicht die wortlose Vereinigung – der Nacht – selbst nach Tagen der Nickligkeiten und des Streits, die uns aneinanderband? Es spielt keine Rolle, Liebste, was es war. Deine Seele lebt seither so tief in meinem Körper, dass ich nicht zu Dir spreche, um Bedeutung zu vermitteln. Ich schreibe allein aus Freude und Glück. Wie sorgfältig haben wir doch in den vergangenen Jahren Tatsache neben Tatsache gestellt, Überlegung gegen Überlegung abgewogen – als würden wir um unser Leben Domino spielen. Wie düster bin ich gewesen – habe Dich hinabgezogen, habe oft sinnlose Nägel eingeschlagen, habe lächerliche Kleinigkeiten heftig kritisiert und analysiert, etikettiert, niedergemacht – und über uns schwebte unsere große Liebe, wuchs, breitete sich aus – ich staune, dass wir nicht leuchten – oder mit jeder Geste und jeder Betonung Botschaften aus der Ewigkeit verkünden – wie eine Sibylle von Michelangelo. Ich staune, warum die Menschen uns auf der Straße nicht hinterherschauen, als hätten sie einen Engel gesehen.

Tuo Giovanni

ICH LIEBE MEINE FRAU. MEINE FRAU IST TOT

Richard Feynman an Arline Feynman

17. Oktober 1946

Übersetzt von Timur Vermes

Der Nobelpreisträger Richard Feynman war einer der bemerkenswertesten Physiker des 20. Jahrhunderts und eine Schlüsselfigur des wissenschaftlichen Fortschritts – und als Mitarbeiter des Manhattan Project an der Entwicklung der Atombombe beteiligt. Dabei war er nicht nur ein begnadeter Forscher: Er hatte auch Charisma und die beinahe unheimliche Fähigkeit, selbst die komplexesten Zusammenhänge anschaulich zu vermitteln. Als er mit neunundsechzig Jahren an Krebs starb, bedeutete dies einen großen Verlust für die Welt der Wissenschaft. Nach seinem Tod fand man einen an seine geliebte Frau geschriebenen Brief. Er ist auf den 17. Oktober 1946 datiert, sechzehn Monate nachdem sie den Kampf gegen die Tuberkulose verloren hatte. »Der Brief ist im Gegensatz zu vielen anderen ziemlich abgegriffen – offensichtlich hat er ihn im Lauf der Zeit immer wieder gelesen«, sagte seine Tochter Michelle später.

17. Oktober 1946

D'Arline,

ich vergöttere Dich, mein Schatz.

Ich weiß, wie gerne Du das hörst, aber ich schreibe es nicht nur Dir zuliebe – ich schreibe es, weil mir dabei innerlich ganz warm wird.

Mein letzter Brief an Dich liegt so furchtbar lange zurück, fast zwei Jahre, aber ich weiß, Du wirst mir das nachsehen, weil Du mich verstehst. Du weißt, wie ich bin, stur und realistisch; außerdem dachte ich eben, dass es sinnlos sei, Dir zu schreiben.

Aber jetzt, mein Schatz, jetzt weiß ich, dass es richtig ist, wenn ich tue, was ich viel zu lang hinausgezögert habe. Ich möchte Dir sagen: Ich liebe Dich. Ich möchte Dich lieben, und ich werde Dich immer lieben.

Mein Kopf tut sich schwer damit, das zu begreifen. Was es bedeutet, Dich zu lieben, über Deinen Tod hinaus. Aber ich will Dich noch immer trösten, ich will Dich umsorgen – und ich möchte noch immer so sehr, dass Du mich liebst und ich Dir wichtig bin. Ich will Sorgen haben, über die ich mit Dir reden kann, ich will mit Dir kleine Pläne für die Zukunft schmieden. Bis jetzt, bis zu diesem Moment, bin ich nicht auf die Idee gekommen, mir etwas auszudenken, das wir gemeinsam machen können. Das wir gemeinsam tun sollten. Dabei haben wir doch zusammen angefangen, zu schneidern oder Chinesisch zu lernen, wir haben uns zusammen einen Filmprojektor besorgt. Kann ich so was jetzt nicht mehr unternehmen? Nein. Denn ohne Dich bin ich allein. Du warst meine »Ideengeberin«, Du warst immer diejenige, die sich unseren ganzen wundervollen Unfug ausgedacht hat.

Als Du krank warst, hast Du Dir mal Sorgen gemacht, weil Du mir etwas Bestimmtes nicht geben konntest, etwas, von dem Du dachtest, dass ich es am meisten brauche. Du hättest Dich nicht zu sorgen brauchen. Ich habe Dir damals gesagt, dass das nicht nötig sei: weil ich Dich auf so viele unterschiedliche Arten so sehr liebte. Und heute trifft das sogar noch mehr zu – Du kannst mir heute überhaupt nichts geben, und dennoch steht meine Liebe zu Dir der zu jeder anderen Frau im Weg, und ich will, dass das genauso bleibt. Auch tot bedeutest Du mir so viel mehr als jeder andere lebende Mensch.

Ich weiß, Du willst mir sagen, wie dumm ich bin und dass Du möchtest, dass ich wieder glücklich werde, und dass Du das nicht verhindern willst. Du bist wahrscheinlich auch überrascht, dass ich nach zwei Jahren noch nicht mal eine Freundin habe (außer Dir, mein Liebling). Aber da kannst Du nichts machen, Schatz, genauso wenig wie ich. Ich verstehe es ja selber nicht, ich hab wirklich eine Menge Frauen getroffen, da waren sehr nette dabei, und ich will auch gar nicht allein bleiben – aber schon nach zwei oder drei Treffen sind sie alle völlig entzaubert.
Die Einzige, die mir bleibt, bist Du. Du bist die einzig Wahre.

Meine geliebte Frau,
mein Ein, mein Alles.
Ich liebe meine Frau.
Meine Frau ist tot.
Rich

PS: Bitte entschuldige, dass ich diesen Brief nicht abschicke. Aber ich kenne Deine neue Adresse nicht.

MEIN ENGEL, MEIN GELIEBTER

Emilie Blachère an Rémi Ochlik

2012

Übersetzt von Andrea Kunstmann

Der Franzose Rémi Ochlik, geboren 1983, wusste schon früh, dass ihn seine Leidenschaft für die Fotografie ein Leben lang begleiten würde. Mit der Berichterstattung über die Unruhen in Haiti im Jahr 2004 machte er sich einen Namen als Fotojournalist. Sieben Jahre später gewann er mehrere Preise für seine Aufnahmen aus dem Arabischen Frühling. Der Gefahr für sein Leben war er sich bei jeder seiner Reportagen bewusst. 2012 berichtete er über den Bürgerkrieg in Syrien. Er starb, als eine Granate das Haus traf, in dem er Schutz gesucht hatte. Kurz nach seinem Tod schrieb ihm seine Lebensgefährtin Emilie Blachère einen Brief, den sie bei seiner Trauerfeier vorlas.

Ochlik,

nie fiel es mir schwerer zu schreiben. Meine Wörterbücher sind nutzlos. »Meine süße Blachère«, höre ich Dich schon sagen. Also habe ich stattdessen eine Liste von all den Dingen erstellt, die ich an Dir geliebt habe.

Mein Engel, mein Geliebter:

Ich habe es geliebt, wenn Du aufgelistet hast, was Du gerne alles haben wolltest: Du wolltest eine Harley Davidson, ein Loft und eine 22 000 Euro teure Titan-Leica, und zu mir hast Du gesagt: »Na und? Du arbeitest schließlich bei *Paris Match*!«

Ich habe es geliebt, wenn Du mich Blachère nanntest, oder Blacherounette, wenn Du etwas von mir wolltest.

Ich habe es geliebt, dass Du ein Land nur für uns beide finden wolltest, wohin wir jedes Jahr wegen eines gemeinsamen Auftrag fahren könnten.

Ich habe es geliebt, wenn Du über Kunst, Malerei und Literatur gesprochen hast und ich kein Wort verstanden habe. Du hast mir so viel beigebracht.

Ich habe es geliebt, wie Du bei Deiner Arbeit mit dem Schatten verschmolzen bist, sodass die Leute Dich vergaßen und Du bessere Bilder machen konntest.

Ich habe es geliebt, wie Du Dir jeden Morgen Foto-Websites angesehen und gesagt hast: »Schau mal, was die machen. Ich bin eine Null, Blachère.«

Ich habe es geliebt, wenn Du »L'Amour est dans le Pré« [die französische Version von »Bauer sucht Frau«] für uns aufgenommen hast und wir es zusammen angesehen haben, unter eine Decke gekuschelt wie zwei Teenager, mit unserem Kätzchen zwischen uns. »Erzähl das bloß niemandem«, hast Du immer gesagt.

Ich habe es geliebt, Dir zuzusehen, wie Du mir jeden Morgen Kaffee gekocht hast. Nach acht Monaten war er richtig gut!

Ich habe es geliebt, als Du gesagt hast, dass Du gerne zwei Kinder hättest, einen Jungen und ein Mädchen.

Ich habe es noch mehr geliebt, als Du mich vor unseren Freunden wegen des Kinderkriegens aufgezogen hast: »Schau dir Thib, Mat und Fred an. Die haben coole Freundinnen, und die sind schwanger!«

Ich habe es geliebt, wenn Du unbedingt nach Libyen, Nigeria und Burma, dann nach Syrien, dann nach Tulle wolltest, und das alles innerhalb von fünf Minuten.

Ich habe es geliebt, wenn Du gesagt hast: »Blachère, Du machst mich total kindisch. Ich werde wie Du.«

Ich habe es geliebt, Dir zu versichern, dass Du der beste Fotograf der Welt wärst, und Du geantwortet hast: »Na ja, Du bist befangen.«

Ich habe es geliebt, wie Du rot geworden bist, wenn ich Dir sagte, dass ich verrückt nach Dir wäre.

Ich habe unseren Alltag geliebt, unser Zusammenleben, die Nächte, in denen wir ewig aufblieben und »Dexter« anschauten. In Deiner Nähe habe ich immer gelächelt.

Ich habe es geliebt, wenn Du abends Deine Kontaktlinsen rausgenommen und Deine dicke Brille aufgesetzt hast. Ich habe Harry Potter zu Dir gesagt, das hast Du gehasst. Dann hast Du mich Emilie genannt.

Ich habe es geliebt, wenn Du gesagt hast, dass Du mich überhaupt nicht vermisst hättest.

Ich habe es geliebt, wenn Du mir gesagt hast, dass Du eifersüchtig wärst, auf Eric, auf Ivan, auf Pierre, auf jeden, sogar auf meine Katze Marcelle.

Ich habe es geliebt, dass Du Marcelle entführt hast, als ich wegen einer Reportage unterwegs war, und sie mit nach Hause genommen hast, damit sie sich an Deine Katze gewöhnt und wir alle als glückliche Familie zusammenleben könnten.

Ich habe es geliebt, dass Du Angst davor hattest, meine Mutter kennenzulernen.

Ich habe es geliebt, dass Du mit mir nach Honfleur gefahren bist und wir unterwegs auf der Autobahn angehalten, einen Mars-Riegel gegessen und eine Cola getrunken haben.

Ich habe es geliebt, wenn Du mir gesagt hast: »Ich bin hässlich, Blachère, die Liebe macht Dich blind.«

Ich habe es geliebt, als Du Deine Zahnbürste in meiner Wohnung gelassen hast. Ich habe sie fotografiert und meinen Freundinnen gezeigt. Fast hätte ich sie auf Facebook gepostet.

Ich habe es geliebt, wenn Du auf dem Roller an roten Ampeln mein Bein gestreichelt hast.

Ich habe es geliebt, wie Du mich morgens ganz fest in den Arm genommen hast, und abends wieder, als wären wir monatelang getrennt gewesen.

Ich habe es geliebt, Dir beim Rauchen am Fenster zuzusehen. Du warst so sexy. Aber wie Du sagtest, ich bin befangen.

Ich habe es geliebt, wie Du zu Julien, Deinem besten Freund, Deinem Bruder, gesagt hast: »Schau mal, da kommt Mama Eichhörnchen«, wenn ich aufwachte.

Ich habe es geliebt, dass Du anfangs gesagt hast: »Julien ist meine Frau, Du bist meine Geliebte.« Nach zwei Monaten war es andersherum. Tut mir echt leid, Julien.

Ich habe Dein schüchternes Lächeln geliebt, die Art, wie Du gelacht hast, Deine fast feminine Feinfühligkeit, Deine jugendliche Zärtlichkeit.

Ich habe es geliebt, dass Du mich alle fünf Minuten per SMS gefragt hast, ob ich Deine Frau werden wollte, mit Emojis und allem. Wir haben uns vorgenommen, in Las Vegas zu heiraten.

Ich habe es geliebt, dass Du Liebesbriefe in meine Notizbücher gesteckt hast, wenn Du vorbeigekommen bist, um Marcelle zu füttern.

Ich habe Deinen Mut, Deine Bewunderung, Deine Strenge geliebt. Ich bin so stolz auf Dich, mein Engel. Ich habe Dich bewundert, als Fotograf und als Mann. Du bist so groß geworden!

Ich habe es geliebt, wenn Du zu mir gesagt hast: »Blachère, wir haben das ganze Leben noch vor uns.«

Ich habe es geliebt, wenn Du mir versichert hast, dass alles gut werden würde, wenn ich deprimiert war. Wenn ich das heute nur hören könnte.

Ich habe es so sehr geliebt, dass Du mir am 10. Februar, einem Freitag, als wir uns zum letzten Mal sahen, gesagt hast, dass ich Dich glücklich mache.

Ich könnte ewig so weitermachen. Ich hätte gerne mein Leben damit verbracht, diese Liste fortzusetzen. Ochlik, ich habe Dich geliebt. Ich hoffe, dass Du da oben weißt, dass ich an Deiner Seite mehr als glücklich war. Ich bin aufgeblüht. Mit Dir war alles schön und wunderbar und überraschend intensiv. Unsere gemeinsame Zeit war magisch. Wir waren so glücklich, dass wir dieses Glück schützen mussten vor den Ansprüchen unserer Berufe, die unsere Leidenschaft und zweite Liebe waren.

Wir waren auf alles gefasst, nur nicht auf das Schlimmste. Ochlik, ich weiß nicht, wie ich ohne Dich weitermachen soll. In Rom hast Du gesagt: »Liebe macht schwach.« Du hast Dich getäuscht. Heute fühle ich mich stark. Zu Weihnachten hast Du mir ein Notizbuch geschenkt und gesagt: »Schreib darin unsere Lebensgeschichten auf und lies sie unseren Kindern vor.« Ich verspreche Dir, die Geschichte dieses Lebens zu erzählen, von dem wir so oft geträumt haben und das ich jetzt für zwei leben muss.

Ich weiß nicht, ob Du mich vermisst, Ochlik. Ich vermisse Dich. Wahnsinnig.

Aber ich weiß, dass Du da bist. In mir. Bei mir. Bei uns. Jetzt ergibt unser Spitzname »Blachlik« einen Sinn.

Eines Tages werde ich bei Dir sein, mein Geliebter. Aber noch nicht jetzt. Du würdest es hassen, wenn ich mich gehen ließe, mich aufgäbe.

Also wische ich mir die Tränen aus den Augen und schaue mir immer wieder Deine Lieblingsfilme an, die Dich glücklich gemacht haben, wie *Singin' in the Rain* und …

I'm singin' in the rain
Just singin' in the rain,
What a glorious feeling,
And I'm happy again.
I'm laughing at clouds
So dark, up above,
The sun's in my heart
And I'm ready for love.

Ich bin sicher, es wäre Dir lieber, wenn wir Dir zu Ehren die ganze Nacht aufbleiben, trinken und rauchen würden. Keine Sorge, das wird passieren, die Nacht ist noch lang.

Mein Engel, gib Lucas einen Kuss von mir. Pass auf Dich auf. Pass auf uns auf.

Emilie Blachère

WEIL WIR EIN PROBLEM HABEN

Mildred Loving an die Amerikanische Bürgerrechtsunion

20. Juni 1963

Übersetzt von Nina Lieke

Im Jahr 1958 wurden Mildred und Richard Loving verhaftet, ein »gemischtrassiges« Paar aus Virginia, das fünf Wochen zuvor in Washington, D.C., geheiratet hatte. Der Vorwurf: Ihre Mischehe verstoße gegen den »Racial Integrity Act« des Bundesstaates Virginia. Anstatt sich zu trennen, zogen die Lovings in die Hauptstadt, wo ihre Verbindung legal war. Es dauerte allerdings nicht lange, und die Lovings bekamen Heimweh. Im Juni 1963 schrieb Mildred einen Brief an Justizminister Robert F. Kennedy mit der Bitte, sich für sie und ihren Mann einzusetzen. Er riet ihnen, den Brief an die Amerikanische Bürgerrechtsunion zu schicken, die schließlich das Urteil »Loving v. Virginia, 388 U.S. 1 (1967)« erstritt. Dank der Initiative der Lovings erklärte der Oberste Gerichtshof der Vereinigten Staaten am 12. Juni 1967 einstimmig alle US-Gesetze, die »gemischtrassigen« Paaren die Heirat verboten, für verfassungswidrig.

1151 Neal Street

N.E. Wash. D.C.

20. Juni 1963

Verehrter Herr:

Ich schreibe Ihnen, weil wir ein Problem haben.

Mein Mann und ich haben vor fünf Jahren hier in D.C. geheiratet. Dann sind wir nach Virginia zurückgezogen. Mein Mann ist Weißer, ich bin halb Schwarze, halb Indianerin.

Damals wussten wir nicht, dass es in V. ein Gesetz gegen Mischehen gibt.

Darum wurden wir in einer kleinen Stadt namens Bowling Green eingesperrt und vor Gericht gestellt.

Wir mussten den Staat verlassen und uns ein neues Zuhause suchen.

Das Problem ist, dass wir unsere Familien nicht besuchen dürfen. Der Richter hat gesagt, wenn wir den Staat innerhalb der nächsten dreißig Jahre betreten, müssen wir für ein Jahr ins Gefängnis.

Wir wissen, dass wir nicht dort wohnen dürfen, aber wir würden gerne ab und zu dorthin fahren, um unsere Familien und Freunde zu besuchen.

Wir haben drei Kinder und können uns keinen Anwalt leisten.

Wir haben dem Justizminister geschrieben, und er hat uns geraten, uns an Sie zu wenden.

Bitte helfen Sie uns, wenn Sie können. Wir hoffen, sehr bald von Ihnen zu hören.

Hochachtungsvoll

Mr. & Mrs. Richard Loving

FLEISCHSTÜCKE FÜR NEN HUNGRIGEN WOLF

Addie Brown an Rebecca Primus

24. Mai 1861

Übersetzt von Stefanie Schlatt

1994 sorgten die Entdeckung und spätere Veröffentlichung von Briefen, die die eine Seite eines jahrelangen Schriftwechsels bildeten, wegen der darin angedeuteten Liebesbeziehung für eine wissenschaftliche Debatte. Die Korrespondenz stammte von einer 1841 geborenen Frau namens Addie Brown, die nach dem Tod ihres Vaters früh verwaist und später von ihrer Tante in Philadelphia ohne nennenswerte Schulbildung großgezogen worden war, bevor sie sich ihr ganzes Leben lang als Hausmädchen verdingte.

Die Empfängerin der Briefe hieß Rebecca Primus, die als ältestes von vier Kindern in einer wohlhabenden Mittelstandsfamilie in Connecticut aufgewachsen und eine hoch angesehene Lehrerin war. Primus und Brown führten ein in vielerlei Hinsicht grundverschiedenes Leben; allerdings war Primus ebenso wie Brown schwarz. Wie die beiden sich kennenlernten, ist nicht bekannt. Ebenso ungeklärt ist, wie Primus auf die zahlreichen, oft flammenden Liebeserklärungen Browns reagierte. Sicher ist jedoch, dass diese Beziehung in den Zeiten des Bürgerkriegs höchst außergewöhnlich war. Zwar sind Addies Briefe aufgrund ihres mangelnden Schreibvermögens manchmal im Wortsinn schwer zu verstehen, doch die Inbrunst ihrer Texte ist unmissverständlich.

New York, 24. Mai 1861

Rebecca, mein Schatz

Dein Allerliebster Brief war für mich wie Fleischstücke für nen hungrigen wolf ich sag Dir nich, wie oft ich reingeguckt hab heute Abend hab ich zum ersten mal geheult seit ich weg bin Oh, Liebe, Liebe Rebecca keiner kennt das Herz Deiner Lieben Freundin ich fürchte ich geh der familie auf die nerfen, die sagen ich bin in jeder hinsicht schwierig. Na ja, versuch ich eben brav zu sein aber wie soll das gehen wenn Du so weit weg bist. Ich denk jede Stunde an Dich.

Liebe Rebecca wenn ich die kraft einer taube hätte würd ich ganz schnell in die Arme meiner geliebten fliegen. Liebe Rebecca die Mutter gibt mir im haus viel arbeit und das freut mich, weil ich brauch was um mich abzulenken. Rebecca was meinst Du, Mr. Lee zeigt hier interesse an mir und sagt er mag mich aber ich benehme mich so gleichgültig das er nicht weis was er mit mir anfangen soll. Ich mag ihn als freund aber mehr nicht. Aber Rebecca wenn ich mal eine chance krieg dann ergreif ich sie weil ich bins leid durch diese unfreundliche welt zu geistern.

Liebe Rebecca vergiss bei dem allen nich was ich übers heiraten gesagt hab, aber sag keinem was ich Dir jetzt schreiben werde. Meine liebe freundin, ich glaube so wie Mr. Lee sich verhält liebt er mich wirklich. Ich kann seine liebe nicht erwiedern er fragt ob ich irgendwann wieder in hartford leben werd. Ich hab gesagt weiß ich nicht und er hat gesagt ich würde es schon wissen.

Rebecca was meinst Du, meine alte liebe bleibt nach der kirche am So. vormittag den … um ein bisschen in meiner brust zu wühlen schatz lach nicht. Mutter hat zwei Herrn aufgenommen und einer hat sich irgendwie in mich verliebt Mutter hat ihm und Selina gesagt er muss es grad gar nich versuchen Liebe Rebecca mutter sagt sie hat nicht gedacht das sie mich mal so mag, sie ist sehr lieb muss ich sagen, wenn das hoffentlich so bleibt meinst Du nich meine liebe, weil ich für meinen teil versuche nicht garstig zu sein aber das musst Du beurteilen. Rebecca was meinst Du wo Mrs. Nott hinkommt wenn sie stirbt ich glaub nämlich sie ist nicht … am Leben. Entschuldige wenn ich das sage aber es ist die wahrheit, sie weiß es ja auch als sie am leben war hat sie mir nichts ausser einem hemd gegeben und nicht mal das hat sie gern gemacht aber ich hab drauf bestanden sie wollte es runterschicken ich weiss das ich es jetzt hab also pass ich drauf auf. Rebecca ich glaub nich dass ich irgendwann wieder bei Mrs. Nott wohnen will weil ich finde mit Mrs. Nott kann man nicht zusammenleben. Sie ekelt mich fast schon an.

Liebe Rebecca bei uns in der familie gibt es einen schlimmen trauerfall mutters einziger freund is tot. Er war wie ein vater für sie, hat ihr immer geholfen und wenn sie was gewollt hat hat sie immer ihn und keinen andren gefragt er war ein lieber enger freund dieser familie. Rebecca es ist herzzerreissend seine witwe zu sehen ich hab ihn das letzte mal am Sontag getroffen als er scheinbar noch vollkommen gesund und wirklich fidel war. Montagfrüh wurde Mutter gerufen und dachte er erstickt aber die haben ihn wieder hingekriegt. Mutter kam um 2 nach hause weil sie geglaubt hat er kommt zurecht. Am abend war sie wieder da und es ging ihm viel besser also kam sie um 1 heim sie schickte jemand und da ist er schon gestorben und war tot bevor mutter ankam. O Rebecca das kam so plötzlich wir haben alle furchtbar angst dass Mrs. Scott jetzt sehr lang lebt. Beide sind alt und sie ist so nah dran … das war die familie bei der ich leben wollte

Rebecca ich muss jetzt diesen langen brief beenden weil ich denke nicht dass es für Dich sehr interessant ist. Wenn ich nur diesen Stift und das Papier gegen einen platz an der seite meiner lieben rebecca tauschen könnte. Es geht und es muss gehen mit der Trennung wie lang das weiß gott und nur gott allein. Mein herz vermisst Dich und nur Dich gute nacht von Deiner süssen.

Küße

Addie

PS: Schick Deiner lieben mutter und dem ganzen rest der familie liebe grüße und Deiner Tante Em und allen andren freunden auch Addie

DIE LIEBE EINES SCHMAROTZERS IST WERTLOS

Ayn Rand an Joanne Rondeau

22. Mai 1948

Übesetzt von Oskar Rauch

Die Autorin Ayn Rand wurde 1905 in Russland geboren und wanderte 1926 in die USA aus. Zu ihren bekanntesten Werken zählt der Roman *Der ewige Quell*, in dem Rand erstmals eine philosophische Weltanschauung darlegt, die als »Objektivismus« bekannt werden sollte. Rand beschreibt sie als »das Konzept des Menschen als eines heroischen Geschöpfes, dem das eigene Glück als moralische Maxime, Produktivität als nobelste Form der Aktivität und Vernunft als höchste Tugend gilt«. Im Mai 1948 erhielt Rand Fanpost von einer Frau namens Joanne Rondeau, die nach der Bedeutung eines Satzes in *Der ewige Quell* fragte.

Rand antwortete ihr mit folgendem Brief:

22. Mai 1948

Liebe Miss Rondeau:

Sie haben mich gebeten, die Bedeutung meines Satzes in *Der ewige Quell* zu erklären: »Um ›Ich liebe Dich‹ zu sagen, muss man zunächst ›Ich‹ sagen können.«

Das gesamte Buch dreht sich um die Bedeutung dieses Satzes. Und sie wird in genau jener Rede auf Seite 400 ausgesprochen, der Sie den Satz entnommen haben. Das »Ich« steht für ein unabhängiges, sich selbst genügendes Wesen, dessen Daseinszweck nicht auf irgendeine andere Person ausgerichtet ist.

Ein Mensch, der nur für andere existiert, ist kein unabhängiges Wesen, sondern ein spiritueller Schmarotzer. Die Liebe eines Schmarotzers ist wertlos.

Der übliche (und äußerst schädliche) Blödsinn, der über das Thema gepredigt wird, besagt, dass die Liebe Selbstaufopferung sei. Das Selbst eines Menschen ist sein Geist. Wenn man seinen Geist opfert, wer oder was bleibt dann noch, um

Liebe zu empfinden? Wahre Liebe ist grundsätzlich und im besten Sinn des Wortes egoistisch – sie ist der Ausdruck der höchsten Werte eines Menschen. Wenn ein Mensch verliebt ist, sucht er Glück für sich selbst – und will sich nicht für die Geliebte aufopfern. Und die Geliebte wäre ein Monster, würde sie ein solches Opfer wollen oder erwarten.

Jede Person, die für andere leben will – für einen Herzensmenschen oder für die gesamte Menschheit –, ist ein identitätsloses Un-Wesen. Ein unabhängiges »Ich« ist ein Mensch, der für sich selbst existiert. Ein solcher Mensch gibt nicht vor, sich selbst zu opfern, und verlangt es auch nicht von demjenigen, den er liebt. Dies ist der einzige Weg zu lieben und die einzige Form einer anständigen Beziehung zwischen zwei Menschen.

Ayn Rand

ICH BIN FURCHTBAR IN DICH VERLIEBT

James Schuyler an John Bolton

Frühjahr 1956

Übersetzt von Willi Winkler

James Schuyler wurde 1923 in Chicago geboren und erlebte alles andere als eine geborgene Kindheit: Die Eltern ließen sich bald scheiden, und seine Mutter zog mit ihrem neuen Mann auf der Suche nach einem festen Zuhause in ganz Amerika umher. Als junger Mann verbrachte er vier Jahre bei der US Navy. 1961, nach einem Zusammenbruch, dem noch mehrere folgen sollten, kam er zum ersten Mal in eine psychiatrische Klinik. Schuyler hörte nicht auf, Gedichte zu schreiben; 1981, mit siebenundfünfzig Jahren, erhielt er den Pulitzerpreis für seinen Lyrikband *The Morning of the Poem*. In den frühen Fünfzigerjahren hatte Schuyler den Maler John Bolton kennengelernt und sich in ihn verliebt. Die beiden schrieben sich oft.

Lieber John,

ich weiß gar nicht, warum ich Dir das heute sagen will (aber ich will es). Vielleicht liegt es daran, dass ich beim Blick auf den Nebel draußen nur die Haare Deiner hinreißenden Brust sehen kann. Ich bin furchtbar verliebt in Dich und bin es schon sehr lange, eigentlich schon seit mich Frank zum ersten Mal in Deine Wohnung mitgenommen hat. Ich habe mir alle Deine herrlichen Bilder angesehen, und auf einmal verwandelte sich alles, was ich je für Dich empfunden hatte, in einen Diamanten, eine Rose oder Ähnliches – jedenfalls sah ich mich bei Dir um, während Frank Poulenc spielte, und fühlte mich ganz genauso wie das hässliche Entlein an jenem Tag, als es merkte, dass es ein Schwan war.

Dann bist Du nach Hause gekommen, und ich glaubte, dass ich Dich nie wieder würde ansehen können; ich konnte nur kichern, prusten und zucken. Seither habe ich Dich aber gründlich angeschaut. Es gibt niemand anderen auf der ganzen Welt, den ich anschauen will; oder überhaupt haben will.

Mir kommt es so vor, als wäre ich so ZUFRIEDEN, dass ich mich gar nicht mehr hassen könnte. Mir scheint es völlig unbegreiflich, warum ich statt als Idiot nicht als Raubritter oder etwas in dieser Art geboren wurde.

Jetzt gehe ich nach draußen und stecke die 57. Straße in Brand, damit Du es warm hast.

Natürlich ist das alles Blödsinn. Ich liebe es einfach, in Dich verliebt zu sein. Selbst die Traurigkeit schrumpft dann auf Stecknadelgröße, und zwar sogar dann, wenn ich mir nichts heftiger wünsche, als mein Herz der Wissenschaft zur Verfügung zu stellen, damit ich es endlich los bin.

In Liebe

Jimmy

HALTE IM SONNEN-UNTERGANG AUSSCHAU NACH MIR

Emmie an Sumner

Datum unbekannt

Übersetzt von Kristof Kurz

Seit 1831 wurden auf dem idyllischen, weitläufigen Mount Auburn Cemetery in Massachusetts über 90 000 Menschen beerdigt. Auf einem Grabstein ist der Text eines Briefs eingraviert, den eine Frau namens Emmie kurz vor ihrem Tod ihrem Geliebten schrieb.

Mein liebster Sumner,

es tut mir sehr leid, dass ich von Dir gehen musste, doch meine Zeit war gekommen. Du warst immer der Stärkere von uns beiden. Du hattest in diesen dunklen und stürmischen Zeiten die Hand am Ruder, und das hätte ich niemals geschafft. In jenen Tagen meines Dahinscheidens warst Du, wie nicht anders zu erwarten, vollkommen.

Ich habe die Bühne des Lebens verlassen, doch Dich werde ich niemals verlassen. Ich bin an tausend Orten, die immer uns gehören werden. Halte im Sonnenuntergang Ausschau nach mir, wenn sich das Licht des müden Tages mit dem hellen Rosa der Wolken am westlichen Himmel vereint. Dies sind meine Sonnenuntergänge, nicht die Deinen. Lebe, mein lieber Sumner, lebe mit jedem Quäntchen Liebe, das Du noch geben kannst, und stelle den Hunger in Deinem warmen, klopfenden Herzen nicht infrage.

Wenn Du einsam bist, dann halte nach mir Ausschau. Ich bin im Sonnenuntergang. Hör genau hin, dann flüstere ich Dir meinen Segen zu.

Für immer die Deine

Emmie

EIN LAUSIGER ANTRAG

Evelyn Waugh an Laura Herbert

Frühjahr 1936

Übersetzt von Susan Vahabzadeh

Evelyn Waugh, der Autor von *Wiedersehen mit Brideshead*, wurde 1903 in London geboren. Im Juni 1928, drei Monate vor der Veröffentlichung seines gefeierten Debütromans *Verfall und Untergang* heiratete der mehr oder weniger mittellose Waugh seine erste Frau, Evelyn Gardner – sehr zum Verdruss ihres von diesem Bräutigam wenig begeisterten Vaters. Ein Jahr nach der Eheschließung hatte Waugh bereits die Scheidung eingereicht. Jahre später, im Frühjahr 1936, während er ungeduldig auf die Annullierung seiner ersten Ehe wartete, schrieb er Laura, der neunzehnjährigen Cousine seiner künftigen Ex-Frau, und machte ihr einen, wie er es selbst nannte, »lausigen Antrag«. Dieser schmerzlich ehrliche, amüsante Annäherungsversuch zahlte sich aus: Evelyn und Laura heirateten im Jahr darauf und blieben bis zu seinem Tod dreißig Jahre später zusammen. Sie hatten sieben Kinder.

Bridgewater Estate Office

Ellesmere

Salop

Meine Süße,

noch ein Brief gestern Abend. Das ist hochanständig von Dir.

Weißt Du, was Du tun könntest, während Du allein in Pixton Park bist? Du könntest ein bisschen über mich nachdenken & und darüber, ob Du Dich mit der Vorstellung anfreunden könntest, mich zu heiraten. Du musst Dich natürlich nicht sofort entscheiden, aber Du könntest darüber nachdenken. Ich kann Dir nicht zu mir raten, es wäre schrecklich für Dich, aber denk mal darüber nach, wie schön es für mich wäre. Ich bin rastlos & launisch & misanthrop & faul & habe kein Geld, von dem abgesehen, was ich verdiene, und würde ich krank, müsstest Du verhungern. Genau genommen ist es ein lausiger Antrag. Andererseits könnte ich mich, denke ich, bessern & würde recht ausnahmslos nicht mehr zu viel trinken, und ich bin mir ziemlich sicher, dass ich treu wäre. Außerdem besteht immer die Möglichkeit, dass es noch mal eine Wirtschaftskrise gibt, und hättest Du in diesem Fall einen Aristokraten mit einem großen Haus geheiratet, müsstest Du vielleicht verhungern, während ich ziemlich schlau bin und vermutlich auf irgendeine Art irgendwo meinen Lebensunterhalt verdienen könnte. Und obwohl Du Dich eines alten Knackers annehmen würdest, bin ich doch einer ohne feste Gewohnheiten. Du würdest nicht auf irgendeine bestimmte Gruppe oder einen bestimmten Ort beschränkt. Und dann habe ich auch kaum noch lebende Verwandte, abgesehen von einem Bruder, den ich kaum kenne. Du fändest Dich nicht inmitten einer Großfamilie wieder mit all ihrem Gezeter, & Du würdest nicht herumgeschubst & von scheußlichen Schwägerinnen belästigt & Tanten, wie es ja sehr oft geschieht. All dies sind nur winzige Vorteile im Vergleich zu meinen fürchterlichen Charakterschwächen. Ich habe mich stets bemüht, nett zu Dir zu sein, und vielleicht hast Du den Eindruck gewonnen, ich wäre wirklich nett, aber das ist natürlich Blödsinn. Das tue ich nur für Dich und vor Dir. Ich bin eifersüchtig &

ungeduldig, aber es wäre sinnlos, jetzt all meine Laster aufzuzählen. Du bist ein kritisches Mädchen, und ich habe keinen Zweifel daran, dass Du sie längst alle kennst – und dazu noch ein paar, von denen ich selbst nichts ahne. Worauf ich aber hinauswollte: Wenn man heiratet, so heiratet man bei den meisten Menschen noch eine ganze Reihe anderer Menschen & Dinge dazu – also, wenn Du mich heiratest, gibt es nichts dazu, und das ist Vorteil und Nachteil gleichermaßen. Die einzige Bindung, die ich habe, ist die an meine Arbeit. Das bedeutet, wir müssten uns jedes Jahr für mehrere Monate trennen, oder Du müsstest Dich mit mir an einen abgeschiedenen Ort zurückziehen. Aber davon abgesehen könnten wir tun, was uns passt, & und hingehen, wohin wir wollen. Wenn Du einen Börsenmakler oder einen Soldaten oder einen Parlamentsabgeordneten oder einen Meuteführer geheiratet hättest, wärest Du stärker gebunden.

Wenn ich meinen Freunden erzähle, dass ich mich in ein Mädchen von 19 Jahren verliebt habe, sagen sie »das arme Kind«, aber ich betrachte Dich nicht als besonders jung, trotz Deiner

Schönheit, und ich denke nicht, dass an der Behauptung etwas dran ist, Du könntest jetzt noch keine Entscheidung treffen, die Dein weiteres Leben bestimmen wird. Es gibt sowieso keinen Grund, Dich zu entscheiden oder mir auch nur zu antworten. Vielleicht werde ich niemals von Deiner Cousine befreit. Vor allem, Liebling, mach Dir keine Sorgen. Lass es Dir in Ruhe durch den Kopf gehen.

In acht Tagen werde ich wieder bei Dir sein, geliebtes Herz. Ich kann kaum noch an etwas anderes denken.

Mit all meiner Liebe

Evelyn

ICH WEISS, WAS LIEBE IST

Ansel Adams an Cedric Wright

10. Juni 1937

Übersetzt von Berni Mayer

Ansel Adams wurde 1902 in Kalifornien geboren. Er war von frühester Kindheit an fasziniert von der Natur und verbrachte einen Großteil seiner Zeit damit, das weite Land in der Umgebung zu erforschen. Doch erst als er mit zwölf Jahren zum ersten Mal eine Kamera in die Hand bekam, entdeckte er seine wahre Leidenschaft und legte damit augenblicklich den Grundstein für seinen späteren Ruhm als einer der bekanntesten Landschaftsfotografen der Geschichte. Unglücklicherweise erlitt er 1936 aufgrund seines mörderischen Arbeitspensums und einer heftigen Ehekrise einen Nervenzusammenbruch. Nach einem Krankenhausaufenthalt brauchte er dringend einen Tapetenwechsel und beschloss, mit seiner Familie an den einzigen Ort zurückzukehren, an dem er Trost fand: Yosemite National Park in Kalifornien. Als er einige Monate später wieder bei Kräften war, schrieb er einen Brief an seinen besten Freund und Mentor, den Fotografen Cedric Wright.

Yosemite National Park

10. Juni 1937

Lieber Cedric,

heute ist mir eine seltsame Sache passiert. Ich sah eine große Gewitterwolke über dem Half Dome niedergehen, und sie war so groß und deutlich und brillant, dass sie mich viele Dinge in meinem Inneren sehen ließ. Dinge, die mit denen zu tun haben, die geliebt werden, und denen, die wahre Freunde sind.

Zum ersten Mal weiß ich, was Liebe ist; was Freunde sind; und was Kunst sein sollte.

Liebe ist die Suche nach einem Lebensweg; einem Weg, dem man nicht allein folgen kann; der Widerhall aller spirituellen und physikalischen Dinge. Kinder sind nicht allein aus Fleisch und Blut – Kinder können auch Ideen, Gedanken, Emotionen sein. Die Person, die geliebt wird, besteht aus einer Vielzahl von Spiegeln, die jene inneren Kräfte reflektieren und beleuchten und gleichzeitig in einem anderen inneren Licht aufblitzen. Weder Worte noch Taten können es beschreiben.

Freundschaft ist eine andere Form der Liebe – womöglich passiver, aber erfüllt vom Aussenden und Empfangen von Dingen wie Gewitterwolken und Gras und dem makellosen Granit der Wirklichkeit.

Die Kunst ist Liebe und Freundschaft zugleich, und Verständnis; der Wunsch zu geben. Damit meine ich nicht die Wohltätigkeit, sie ist das Geben von Dingen, es geht um mehr als nur um Güte, es geht um das Geben seines Selbst. Es bedeutet zugleich Nehmen und Geben von Schönheit, die Hinwendung der dunklen Ecken des Geistesbewusstseins zum Licht. Es ist Neuschöpfung auf einer anderen Ebene der Realitäten der Welt; die tragischen und wundervollen Realitäten der Erde und der Menschheit und all ihrer Beziehungen zueinander.

Ich wünschte, die Gewitterwolke wäre hoch nach Tahoe gezogen und der Sturm wäre über Dir ausgebrochen; nichts Besseres kann ich Dir wünschen.

Ansel

ICH AMPUTIERE DICH

Frida Kahlo an Diego Rivera

1953

Übersetzt von Kristof Kurz

Die Malerin Frida Kahlo und ihr einundzwanzig Jahre älterer Kollege Diego Rivera lernten sich 1927 kennen, und schon bald wurde er ihr Mentor und Ehemann. Bis dahin war Kahlos Leben ein einziger Kampf gewesen: Als Kind war sie durch eine Polioinfektion ans Bett gefesselt, als junge Erwachsene hatte sie einen schweren Verkehrsunfall, an dessen Folgen sie ihr restliches Leben leiden sollte. Doch die Liebe zur Kunst ließ sie alle Schwierig keiten überwinden, sodass sie schließlich eine der bekanntesten Malerinnen der Welt wurde. Die Ehe mit ihrem ebenso berühmten Künstlerkollegen jedoch war wild und unberechenbar. 1953 – ein Jahr vor ihrem Tod – musste ihr wegen drohenden Wundbrands der rechte Unterschenkel amputiert werden. Während sie auf die Operation wartete, schrieb sie Rivera folgenden Brief.

Mexiko

1953

Mein lieber Mr. Diego,

ich schreibe Dir vom Krankenzimmer aus. Bald werde ich in den Operationssaal gebracht. Sie drängen mich zur Eile, doch ich bin fest entschlossen, erst diesen Brief fertig zu schreiben. Ich will nichts unvollendet lassen, insbesondere jetzt nicht, wo ich weiß, was sie vorhaben. Sie wollen meinen Stolz verletzen, indem sie mir ein Bein abschneiden. Als sie mir sagten, dass eine Amputation nötig sei, war das wider Erwarten keine schockierende Nachricht. Nein, ich war bereits eine verstümmelte Frau, da ich Dich wieder einmal, zum x-ten Mal, verloren habe. Und trotzdem habe ich überlebt.

Du weißt, dass ich keine Angst vor Schmerzen habe. Sie sind schon beinahe ein Teil von mir, obwohl ich gestehen muss, dass ich jedes Mal sehr gelitten habe, wenn Du mich betrogen hast. Nicht nur mit meiner Schwester, sondern auch mit so vielen anderen Frauen. Wie konnten sie nur auf Dich hereinfallen? Wahrscheinlich glaubst Du, dass ich wegen Cristina so wütend war, aber heute kann ich Dir sagen, dass es nicht an ihr lag. Es war wegen mir und Dir. In erster Linie wegen mir, da ich nie verstehen konnte, was Du wolltest und willst, was Dir diese Frauen geben, das ich Dir nicht geben konnte. Seien wir ehrlich, Diego: Wir beide wissen, dass ich Dir alles gegeben habe, was ein Mensch geben kann. Trotzdem – wie zum Teufel schafft es ein so hässlicher Hurensohn wie Du, so viele Frauen zu verführen?

Ich schreibe Dir nicht, um Dir Vorwürfe zu machen, davon haben wir uns in diesem und wer weiß wie vielen anderen verfluchten Leben schon genug gemacht. Ich schreibe Dir, weil sie mir ein Bein abschneiden werden (das beschissene Ding hat endlich seinen Willen bekommen). Ich habe Dir einmal erzählt, dass ich mich schon seit Langem für unvollständig halte, aber warum muss das jetzt, verdammt nochmal, jeder wissen? Bald kann jeder sehen, wie zersplittert ich bin, auch Du … Daher schreibe ich Dir, bevor Du es von jemand anderem hörst. Entschuldige, dass ich nicht vorbeikomme, um es Dir persönlich zu erzählen, aber ich darf mein Zimmer nicht verlassen. Ich darf noch nicht mal ins Bad. Damit will ich weder bei Dir noch bei sonst jemandem Mitleid heischen, und ich will auch nicht, dass Du Dich schuldig fühlst. Ich schreibe Dir, um Dir mitzuteilen, dass ich Dich ziehen lasse. Ich amputiere Dich. Sei glücklich und tritt mir nie wieder unter die Augen. Ich will nichts mehr von Dir hören, und ich will, dass auch Du nichts mehr von mir hörst. Wenn mir vor meinem Tod noch eine letzte Freude vergönnt ist, dann die, Deine hässliche Scheißvisage nicht mehr in meinem Garten zu sehen.

Das war's, jetzt kann ich mich in Ruhe auseinanderhacken lassen.

Lebewohl von jemandem, der Dich wahnsinnig und leidenschaftlich liebt

Deine Frida

FERN VON DIR BIN ICH NICHTS UND NIEMAND

Lester Halbreich an Shirley Halbreich

August 1944

Übersetzt von Julian Haefs

Lester Halbreich und Shirley Scheller lernten sich 1941 im Stevensille-Hotel in den Catskill Mountains im Bundesstaat New York kennen. Lester, der dort als Kellner arbeitete, hatte den Tisch von Shirley und ihrer Familie zu betreuen, die sich im Urlaub befanden. Sie heirateten vier Monate später, am 24. Dezember 1941; zu diesem Zeitpunkt aber hatte sich für die Halbreichs und zahllose andere Menschen mit dem Angriff der Japaner auf Pearl Harbor alles verändert: Die USA traten in den Zweiten Weltkrieg ein, und Lester Halbreich wurde zur Marine eingezogen. Während seiner achtzehnmonatigen Dienstzeit schrieben Lester und Shirley einander fast täglich – bei seiner Rückkehr nach Hause hatten sie beinahe sechshundert Briefe ausgetauscht, wovon viele später von ihrer Tochter veröffentlicht wurden. Eines Sonntagabends im August 1944, als Lester Shirley noch schmerzlicher vermisste als sonst, schüttete er ihr in diesem Brief sein Herz aus.

1944, August

(11:00 Uhr Sonntagnacht)

Meine geliebte Frau,

und das meine ich ganz wörtlich. Mein Zimmernachbar liest noch, also werde ich mir ein paar Minuten nehmen und Dir schreiben, um Dir zu sagen, wie sehr ich Dich liebe und wie viel Du mir bedeutest.

Ich weiß, ich habe es Dir schon mindestens tausendmal gesagt, möchte es aber trotzdem wiederholen. Ich liebe Dich, mein Schatz, von ganzem Herzen, mit ganzer Seele und mit aller Kraft. Während ich hier sitze und diese Zeilen tippe, stehen Deine beiden Fotos vor mir, und mein Herz sehnt sich mit solch unbändiger Leidenschaft nach Dir, dass ich vor unerwiderter Liebe sterben könnte, weil Du nicht bei mir bist.

Den ganzen Tag habe ich Dich vermisst. Ich habe versucht, die Leere zu füllen. Ich habe Schach gespielt und Bowling, war im Kino, habe mit meinen Kameraden Bier getrunken und gelacht und herumgealbert (so gut es mir möglich war), aber die ganze Zeit war da diese gewaltige Leere in mir, die nichts ausfüllen kann außer dem Gefühl, Dich eng umschlungen in meinen Armen zu halten. Ich vermisse die Wärme Deiner Lippen auf meinen, Deine Nähe in jeder Hinsicht. Ohne Dich bin ich entsetzlich und verzweifelt allein … und doch bin ich froh darüber; froh, weil ich weiß, dass Du mich ebenso gewaltig vermisst; und froh in Erwartung unseres Wiedersehens.

Ach, mein Liebling, welch Glück wir haben, einander zu lieben. Jeden Tag (oder fast jeden) lerne ich Leute kennen, die verheiratet, aber keineswegs verliebt sind. Was kann solchen Menschen das Leben bedeuten? Nichts. Für Dich und mich aber, liebster Schatz, hält das Leben alles bereit. Der bloße Gedanke daran, wieder bei Dir zu sein, macht es schon lebenswert.

Ich werde mich nicht für meine Leidenschaft entschuldigen. Mir ist leidenschaftlich zumute. Wärst Du jetzt bei mir, ich würde Dich leidenschaftlich lieben (wie ich nur Dich von allen Frauen auf der Welt lieben könnte und Du nur mich). Den ganzen Tag habe ich an Dich gedacht. Früher am Abend habe ich versucht, Dich anzurufen, aber die Verzögerung war zu groß, also sitze ich mit Dir im Geiste hier und sende mich an Dich, so gut es per Schreibmaschine eben geht.

Ich werde Dir nicht so bald wieder einen solchen Brief schreiben, mein Leben, mein Grund fürs Dasein, aber dieses Mal musste ich all die Liebe, die ich für Dich empfinde, uneingeschränkt heraussprudeln lassen.

Ich liebe Dich. Du bist meine »raison d'être«. Ohne Dich ist mein Leben sinnlos; mit Dir ist es ein formvollendetes Sonett, ein makellos geschliffener Edelstein, eine wunderbar ausgearbeitete Symphonie. Oder, um zum anderen Ende der Wortleiter herabzusteigen: Bevor ich Dich traf, war ich ein verdammter Nichtsnutz. Fern von Dir bin ich nichts und niemand. Wie deutlich sich das im Laufe des vergangenen Monats gezeigt hat.

Ich könnte noch lange so schwärmen. Nichts täte ich lieber, mein Herz, als weiter hier zu sitzen und Dein Foto zu betrachten, mich an der Schönheit Deines Geists und Deines Körpers zu laben und in dem Wissen zu schwelgen, dass Du mich ebenso liebst wie ich Dich. Aber so versunken ich auch bin in Gedanken an Dich, müssen doch die Wünsche meiner drei Zimmerkameraden respektiert werden, die jetzt schlafen möchten. Daher gute Nacht, meine Herzallerliebste, schlaf gut und denk an mich, bitte, jede Nacht, bevor Du einschläfst, wie ich auch an Dich denke.

In Liebe

Les

TAUSEND KÜSSE, HEISS WIE MEIN HERZ

Napoléon Bonaparte an

Joséphine de Beauharnais

19. Juli 1796

Übersetzt von Bernd Stratthaus

Der 1769 auf Korsika geborene Napoléon Bonaparte gilt als einer der erfolgreichsten und mächtigsten Feldherren und als unvergleichlicher Militärstratege. Nach einem beispiellosen Aufstieg wurde er schon im Jahr 1804, nachdem er die französischen Feldzüge in Ägypten und Syrien angeführt hatte, zum Kaiser der Franzosen gekrönt. Im Jahr darauf war er bereits König von Italien. 1795, als seine Karriere gerade begann, traf er Joséphine de Beauharnais, verliebte sich in sie und hielt bereits nach wenigen Monaten um ihre Hand an. Im März 1796, nur achtundvierzig Stunden nach der Hochzeit, brach er auf, um die französische Armee beim Italienfeldzug anzuführen. Napoléon war ein eifriger Briefeschreiber, und irgendwie gelang es ihm, unzählige Liebesbriefe an seine Frau zu verfassen – sogar im größten Kriegstreiben. Außerdem war er unglaublich ungeduldig und verzweifelte mit großer Regelmäßigkeit, wenn Joséphine ihm keine Antwort sandte – so etwa am 19. Juli 1796.

Marmirolo, 19. Juli 1796

Zwei Tage habe ich nun keinen Brief mehr von Dir erhalten, daran musste ich heute schon dreißigmal denken. Auch wenn Dich das ermüdet, darfst Du nicht daran zweifeln, wie zart und unvergleichlich meine Zuneigung zu Dir ist.

Gestern haben wir Mantua angegriffen. Zwei Geschützbatterien haben es mit glühenden Kanonenkugeln und mit Mörsern beschossen. Diese unglückliche Stadt hat die ganze Nacht hindurch gebrannt, das Schauspiel war ebenso furchtbar wie beeindruckend. Wir haben mehrere der äußeren Befestigungsanlagen erobert, und heute Nacht bemannen wir die Erste Parallele. Morgen breche ich mit dem Generalstab Richtung Castiglione auf und werde dort wohl auch übernachten. Ich habe Post aus Paris erhalten, unter anderem zwei Briefe, die an Dich adressiert waren. Ich habe sie gelesen. Auch wenn dieses Vorgehen mir völlig üblich erscheint und Du mir vor Kurzem die Erlaubnis dazu erteilt hast, fürchte ich, dass es Dich verärgern könnte, und das bedrückt mich sehr. Ich hätte sie am liebsten wieder versiegelt. Ach, das wäre schrecklich von mir gewesen! Wenn ich mir etwas habe zuschulden kommen lassen, bitte ich Dich um Verzeihung. Ich schwöre Dir, ich habe sie nicht aus Eifersucht geöffnet. Ganz gewiss nicht, ich habe eine viel zu hohe Meinung von meiner Liebsten, um so etwas zu tun. Gern hätte ich die ausdrückliche Erlaubnis, Deine Briefe zu lesen, dann gäbe es keine Gewissensbisse und auch keine Befürchtungen mehr.

Achille ist gerade mit der Post aus Mailand gekommen – immer noch kein Brief von meiner Liebsten! Adieu, meine einzige Freude. Wann wirst Du wieder bei mir sein? Ich würde Dich auch persönlich in Mailand abholen!

Ich sende Dir tausend Küsse, heiß wie mein Herz, rein wie Du selbst.

Ich habe den Kurier zu mir gerufen. Er hat mir gesagt, dass er bei Dir war, Du aber keinerlei Anweisungen für ihn hattest. Ach, böses, hässliches, grausames, tyrannisches, kleines, hübsches Monster! Du spottest über meine Drohungen und über meine Dummheiten. Ach, wenn ich Dich in meinem Herzen einsperren könnte, Du weißt, ich würde Dich dort hinter Schloss und Riegel bringen.

Versprich mir, dass Du guter Dinge und bei bester Gesundheit bist und weiter Zuneigung für mich empfindest.

Bonaparte

ALLES GUTE, LIEBSTE

Nelson Mandela an Winnie Mandela

6. Juni 1969

Übersetzt von Daniel Müller

Nelson Mandela heiratete Winnie Madikizela, ein Jahr nachdem sich die beiden kennengelernt hatten und lange bevor er der erste schwarze Präsident Südafrikas wurde. Sie blieben achtunddreißig lange, sowohl persönlich als auch politisch oft schwierige und dunkle Jahre zusammen. Fünf Jahre nach der Eheschließung wurde Nelson Mandela wegen seines Kampfes gegen die Apartheid inhaftiert und verbrachte anschließend siebenundzwanzig Jahre hinter Gittern, achtzehn davon mit wenig Außenkontakt in einer vier Quadratmeter großen Zelle auf der Gefängnisinsel Robben Island. Dort erfuhr er 1969, dass auch Winnie inhaftiert und zu einer sechzehnmonatigen Gefängnisstrafe verurteilt worden war. In dieser Zeit konnten die beiden nur über Briefe kommunizieren, von denen einige nie ankamen. Glücklicherweise hat dieser Brief Nelson Mandelas seine Adressatin erreicht.

06.06.1969

Liebste,

einer der wertvollsten Gegenstände, die ich hier im Gefängnis bei mir habe, ist der erste Brief, den Du mir am 20. Dezember 1962, kurz nach meiner ersten Verurteilung, geschrieben hast. In den letzten sechseinhalb Jahren habe ich ihn wieder und wieder gelesen. Die in diesen Zeilen zum Ausdruck gebrachten Gefühle sind so kostbar und frisch wie am ersten Tag. Angesichts der von Dir vertretenen Ziele und Einstellungen und Deiner Rolle in dem gegenwärtigen Kampf der Ideen habe ich schon immer geahnt, dass man Dich früher oder später verhaften würde. Allerdings hatte ich in Anbetracht meines eigenen Leidenswegs stets die vage Hoffnung gehegt, dass es in Deinem Fall nicht zu einer derartigen Katastrophe käme und Dir das Unglück und das Elend des Gefängnisses erspart blieben. Umso entsetzter war ich, als ich am 17. Mai, mitten in den fieberhaften Vorbereitungen zu meinen Abschlussprüfungen, für die ich nur noch 25 Tage Zeit hatte, die Nachricht von Deiner Inhaftierung erhielt. Das kam völlig überraschend. Mir wurde kalt, und ich fühlte mich einsam. Dass Du Dich innerhalb gewisser Grenzen frei bewegen konntest, bedeutete mir viel. Ich freute mich stets auf Deine Besuche und auch auf die von Familienmitgliedern und Freunden, die Du mit dem Dir eigenen Geschick und Deiner Energie organisiert hast, ebenso auf die liebevollen Geburtstags-, Hochzeitstags- und Weihnachtskarten, an die Du stets gedacht hast, und auf das Geld, das Du trotz aller Schwierigkeiten beschaffen konntest. Was das Unglück noch um einiges verschlimmerte, war die Tatsache, dass ich nach Deinem letzten Besuch am 21. Dezember eigentlich darauf eingestellt war, dass Du mich im Mai oder jetzt im Juni besuchen kommen würdest. Außerdem erwartete ich eine Antwort auf meinem Brief vom 2. April, in dem ich Dir etwas zu Deinen Gesundheitsproblemen geschrieben habe und Dir ein paar Empfehlungen gemacht hatte.

Nachdem ich die schlimme Nachricht erhalten hatte, schien ich für eine ganze Weile mit meinen Kräften am Ende, und so griff ich fast schon instinktiv zu Deinem Brief, wie ich es auch in der Vergangenheit getan habe, wenn mich der Mut verließ oder ich meine Gedanken von quälenden Problemen lösen wollte:

»Die meisten Menschen verstehen nicht, dass mir Deine physische Anwesenheit nichts bedeutet, solange die Ideale, denen Du Dein Leben gewidmet hast, nicht Wirklichkeit geworden sind. In Hoffnung auf etwas hinzuleben, so finde ich, ist die wunderschönste Sache überhaupt. Unser kurzes gemeinsames Leben, mein Geliebter, war immer von Erwartungen erfüllt … In diesen hektischen und ungestümen Jahren habe ich Dich mehr lieben gelernt als jemals zuvor … Nichts ist wertvoller, als integraler Bestandteil einer Entwicklung zu sein, die die Geschichte eines Landes prägt.«

Das sind nur einige der Perlen in diesem wunderbaren Brief, und als ich ihn am 17. Mai noch einmal las, war ich gleich wieder überglücklich. Katastrophen kommen und gehen. Manchmal vernichten sie ihre Opfer, manchmal härten sie auch ab, sodass man besser gewappnet ist für zukünftige Herausforderungen. Gerade jetzt solltest Du Dich daran erinnern, dass Hoffnung eine starke Waffe ist, eine Waffe, die Dir keine Macht der Welt nehmen kann, und dass nichts so wertvoll ist, wie ein integraler Bestandteil der Geschichte eines Landes zu sein. Beständige Werte im Leben und Denken einer Gesellschaft können nicht von Menschen geschaffen werden, die den wahren Zielen einer Nation gleichgültig oder gar feindlich gegenüberstehen. Menschen ohne Seele, ohne Sinn für Nationalstolz und ohne Ideale, die es zu verwirklichen gilt, können weder Demütigungen noch Niederlagen überstehen; sie können kein nationales Erbe entwickeln, werden nicht von heiligen Verpflichtungen beflügelt und bringen keine Märtyrer oder Nationalhelden hervor. Eine neue Welt wird nicht von denen erschaffen, die mit verschränkten Armen zusehen, sondern von denen, die in der Arena streiten, deren Kleider vom Sturm zerschlissen, deren Körper vom Kampf gezeichnet sind. Ehre gebührt denen, die niemals der Wahrheit entsagen, selbst in finsteren Zeiten nicht, die es immer wieder aufs Neue versuchen, die sich nicht von Beleidigungen, Demütigungen oder gar Niederlagen entmutigen lassen. Seit Anbeginn der Menschheitsgeschichte achtet und ehrt man die Mutigen und Ehrlichen, Männer und Frauen wie Dich, meine Liebste – ein einfaches Mädchen aus einem in vielen Karten nicht verzeichneten Dorf, eine Frau aus einem Kraal, der selbst nach ländlichen Maßstäben sehr bescheiden ist.

Meine Liebe zu Dir lässt es nicht zu, an dieser Stelle mehr zu schreiben, als in den vorangegangenen Zeilen bereits geschehen, denn diese werden durch viele Hände gehen. Eines Tages werden wir wieder Zeit und Raum für uns allein haben, um all die zärtlichen Gedanken miteinander zu teilen, die wir während der letzten acht Jahre in unseren Herzen verbergen mussten.

Bald schon wird man Dich anklagen und wahrscheinlich auch verurteilen. Ich rate Dir, Dich sofort nach Anklageerhebung mit Niki zu besprechen und die nötigen Vorkehrungen zu treffen und Mittel zu beschaffen, damit Du Geld für Studium, Toilettenartikel, Weihnachten und andere persönliche Bedürfnisse hast. Außerdem soll sie Dir nach Deiner Verurteilung umgehend

Fotos in passenden Lederrahmen schicken. Meiner Erfahrung nach ist im Gefängnis nichts wertvoller als ein Familienfoto, und deshalb solltest Du es gleich von Anfang an dabeihaben. Von mir bekommst Du die mir monatlich gestatteten Briefe, Liebste. Ich habe einen langen Brief an Zeni und Zindzi geschrieben und ihn an Niki geschickt. Darin habe ich die Situation erklärt, damit die beiden Bescheid wissen und nicht den Lebensmut verlieren. Ich hoffe nur, dass sie meinen vorherigen Brief vom 4. Februar bekommen haben. Letzten Monat habe ich an Deine Mutter in Bizana geschrieben und an Sidumo. Diesen Monat werde ich an Telli und Onkel Marsh schreiben. Von Kgatho, Maki, Wonga, Sef, Gibson, Lily, Mthetho und Amina habe ich nichts gehört, dabei hatte ich ihnen schon zwischen Dezember und April geschrieben.

Diesen Brief konnte ich dank der freundlichen Genehmigung von Brigadier Aucamp schreiben. Ich bin sicher, er wird Dir nach Kräften helfen, falls Du auf diese Zeilen antworten möchtest, solange Du noch inhaftiert bist. Falls Du mir schreiben kannst, bestätige doch bitte, dass Du meinen Brief vom April erhalten hast. Bis dahin sollst Du wissen, dass ich jeden Moment des Tages an Dich denke. Alles Gute, Liebste. Tausend Küsse und alles erdenklich Liebe.

Immer Dein

Dalibunga

ICH LIEBE JUNE CARTER, JA, DAS TUE ICH

Johnny Cash an June Carter

23. Juni 1994

Übersetzt von Markus Naegele

Die Countrysänger Johnny Cash und June Carter lernten sich bei einem gemeinsamen Auftritt 1956 kennen. Obwohl Cash zu diesem Zeitpunkt verheiratet war, spürten sie sofort eine gegenseitige Zuneigung. Cash machte ihr mehrfach erfolglos Anträge, bis sie schließlich am 1. März 1968 – dreizehn Jahre nach dem ersten Treffen und eine Woche nach einem weiteren öffentlichen Heiratsantrag auf der Bühne – endlich heirateten. Sie waren bis zu ihrem Tod fünfunddreißig Jahre später unzertrennlich. Zu ihrem fünfundsechzigsten Geburtstag im Jahr 1994 schrieb Johnny ihr den nachfolgenden Brief. June sollte neun Jahre später das Zeitliche segnen. Kurz nach ihrem Ableben verfasste Johnny Cash eine weitere Notiz.

23. Juni 1994

Odense, Dänemark

Herzlichen Glückwunsch, Prinzessin,

wir werden alt und gewöhnen uns aneinander. Wir denken wie der andere. Wir können die Gedanken des anderen lesen. Wir wissen, was der andere will, ohne fragen zu müssen. Manchmal verärgern wir den anderen ein wenig. Vielleicht nehmen wir den anderen auch manchmal als selbstverständlich.

Aber dann und wann, an Tagen wie diesem, denke ich ein wenig nach und stelle fest, wie glücklich ich mich schätzen kann, mein Leben mit der großartigsten Frau verbringen zu dürfen, die ich je kennengelernt habe. Du faszinierst und inspirierst mich noch immer. Du machst mich zu einem besseren Menschen. Du bist das Objekt meiner Begierde, der wichtigste irdische Grund für meine Existenz. Ich liebe Dich sehr.

Herzlichen Glückwunsch, Prinzessin

John

11. Juli 2003

Mittag

Ich liebe June Carter, ja, das tue ich. O ja, das tue ich. Ich liebe June Carter. Und sie liebt mich.

Aber jetzt ist sie ein Engel, und ich bin es nicht. Jetzt ist sie ein Engel, und ich bin es nicht.

EIN LEIDVOLLES WINSELN

Vita Sackville-West an Virginia Woolf

21. Januar 1926

Übersetzt von Dirk Vanderbeke
Einleitung übersetzt von Kristof Kurz

Die berühmte englische Schriftstellerin Vita Sackville-West und ihr Gatte, Sir Harold Nicolson, führten das Musterbeispiel einer offenen Ehe. In den neunundvierzig Jahren, in denen sie miteinander verheiratet waren, stürzten sich beide mit Feuereifer in viele homo-sexuelle Liebesabenteuer. Ihre berühmteste Affäre hatte Vita in den Zwanzigerjahren mit Virginia Woolf, der literarisch ungemein einflussreichen Autorin von Klassikern wie *Mrs Dalloway* und *Orlando*. Im Januar 1926 verließ Vita, wenn auch widerstrebend, die britische Hauptstadt, um ihren Mann – einen Diplomaten – für vier lange Monate nach Persien zu begleiten: Am Einundzwanzigsten, als sie gerade im Zug dorthin saß, schrieb Vita einen sehnsüchtigen Brief an die Geliebte, die in London zurückgeblieben war.

21. Januar

Mailand

Ich bin nur noch ein Etwas, das Virginia will. Ich habe in den schlaflosen Albtraumstunden der Nacht einen wunderschönen Brief an Dich verfasst, und er ist vollständig verschwunden: Ich vermisse Dich auf ganz einfache, verzweifelte menschliche Weise. Du mit all Deinen nicht-nichtssagenden Briefen würdest nie einen so elementaren Satz wie diesen niederschreiben; vielleicht würdest Du es nicht einmal fühlen. Und doch glaube ich, dass Du eine kleine Lücke verspüren könntest. Aber Du würdest sie in einen so erlesenen Satz kleiden, dass sie ein bisschen von ihrer Wirklichkeit verlieren würde. Während es bei mir ganz offen liegt: Ich vermisse Dich sogar noch mehr, als ich es für möglich gehalten hätte; und ich war darauf vorbereitet, Dich sehr zu vermissen. Also ist dieser Brief nur ein leidvolles Winseln. Es ist kaum zu glauben, wie unentbehrlich Du für mich geworden bist. Ich nehme an, Du bist daran gewöhnt, dass Menschen so etwas sagen. Geh zum Teufel, Du verzogenes Geschöpf; ich werde Dich nicht dazu bringen, mich ein bisschen mehr zu lieben, indem ich mich so preisgebe – doch, ach, meine Liebe, ich *kann* Dir gegenüber nicht klug und unnahbar sein: Dafür liebe ich Dich zu sehr. Zu echt. Du kannst Dir nicht vorstellen, wie unnahbar ich Menschen gegenüber sein kann, die ich nicht liebe. Ich habe es zu einer der schönen Künste erhoben. Aber Du hast meine Verteidigung durchbrochen. Und ich nehme es Dir nicht wirklich übel.

Doch ich werde Dich nicht weiter damit langweilen.

Wir sind wieder losgefahren, und der Zug ist immer noch ruckelig. Ich werde Dir auf den Bahnstationen schreiben müssen – von denen es in der Ebene der Lombardei glücklicherweise viele gibt.

Venedig. Es gibt viele Bahnhöfe, aber ich hatte nicht damit gerechnet, dass der Orientexpress nicht dort hält. Und jetzt sind wir nur für zehn Minuten in Venedig – eine elende Zeit für einen Versuch, zu schreiben. Nicht mal Zeit, eine italienische Briefmarke zu kaufen, also wird dies von Triest aus losgeschickt werden müssen.

Die Wasserfälle in der Schweiz waren zu festen schillernden Vorhängen aus Eis gefroren, die über die Felsen herabhingen; so reizend. Und ganz Italien mit Schnee zugedeckt.

Es geht wieder weiter. Ich werde bis Triest morgen früh warten müssen. Verzeih mir bitte, dass ich einen so erbärmlichen Brief geschrieben habe.

V.

ICH WERDE IMMER BEI DIR SEIN

Sullivan Ballou an Sarah Ballou

14. Juli 1861

Übersetzt von Tim Müller

Im Jahr 1861, als der Bürgerkrieg über Amerika heraufzog, ließ der zweiunddreißigjährige Anwalt Sullivan Ballou seine Frau, mit der er damals seit fünf Jahren verheiratet war, und seine zwei Söhne zurück, um sich im Rang eines Majors der Armee der Unionsstaaten anzuschließen.

Im Bewusstsein, dass düstere Zeiten bevorstanden, schrieb er am 14. Juli desselben Jahres den vorliegenden bewegenden Brief an seine Frau Sarah – schickte ihn aber nie ab. Wortgewaltig schilderte er darin die Gefahren, denen er sich stellen musste, und beschwor die Liebe zu seiner Familie und seinem Land.

Zwei Wochen nach der Niederschrift wurde Sullivan in der ersten Schlacht um Bull Run zusammen mit dreiundneunzig seiner Männer getötet. Diese Schlacht bildete den blutigen Auftakt des Bürgerkriegs, der vier Jahre andauerte und über 600 000 Menschen das Leben kostete.

Sullivans Brief wurde später bei seinen Habseligkeiten gefunden und seiner Witwe übereignet; seitdem gilt er als verschollen. Vorliegende Kopie, die vermutlich ein Verwandter Sullivans anfertigte, wird in der Abraham Lincoln Presidential Library aufbewahrt.

Sarah, die beim Tod ihres Mannes erst vierundzwanzig Jahre alt war, heiratete nie wieder. Sie starb im hohen Alter von achtzig Jahren und wurde in Providence, Rhode Island, neben ihrem Mann begraben.

Hauptquartier

Camp Clark

Washington, D.C.

14. Juli 1861

Meine geliebte Frau,

die Anzeichen mehren sich, dass wir in einigen Tagen losmarschieren – vielleicht schon morgen. Aus Furcht, dass ich Dir später nicht mehr schreiben kann, drängt es mich, eilig einige Zeilen an Dich aufzusetzen. Womöglich wirst Du sie erst lesen, wenn ich schon nicht mehr bin. Mag sein, dass unser Vorstoß nur einige Tage dauert und glücklich verläuft. Mag sein, dass es zum Kampf kommt und ich den Tod finde. »Aber nicht mein, sondern Sein Wille geschehe.« Wenn es nötig ist, dass ich für mein Land auf dem Schlachtfeld falle, so bin ich bereit dazu. Ich empfinde kein Missbehagen, noch mangelt es mir an Vertrauen in die Sache, für die ich streite; weder stocken noch schwanken soll mein Mut. Mir ist bewusst, dass die Zukunft der amerikanischen Zivilisation vom Sieg unserer Regierung abhängt, und ich weiß, wie groß unsere Schuld gegenüber denen ist, die vor uns all das blutige Leid der Revolution durchschritten haben. Ich bin bereit, von ganzem Herzen bereit, all mein Glück in diesem Leben aufzugeben, um für unsere Regierung zu kämpfen und diese Schuld zu begleichen.

Aber, meine liebe Frau, wenn ich doch weiß, dass ich mit meinem Glück auch das Deinige nahezu vollständig zerstöre und Mühsal und Sorge an seine Stelle setze, wenn ich doch weiß, dass ich, der ich selbst lange Jahre die bittere Frucht des Waisenhauses schmecken musste, meinen geliebten kleinen Kindern nun vielleicht eben diese letzte Zuflucht vermachen muss – wenn ich dies weiß und trotzdem vor dem Tod in der Schlacht nicht zurückschrecke; sag mir, ist es schwach und unehrenhaft von mir, dass, während das Banner meiner hehren Ziele stolz und ruhig in der Brise weht, darunter meine grenzenlose Liebe zu Dir und zu meinen Kindern einen heftigen, aber vergeblichen Kampf gegen die Liebe zu meinem Vaterland ficht?

Meine Gefühle in dieser ruhigen Sommernacht vermag ich Dir nicht zu beschreiben.

Zweitausend Mann um mich schlafen und genießen ihre vielleicht letzte Nacht auf Erden. Und ich führe Zwiegespräche mit Gott, mit meinem Land und mit Dir – immer des Todes gewahr, der sich an mich heranschleicht, den verhängnisvollen Pfeil im Köcher. Eingehend und unablässig habe ich mein Herz geprüft und darin nach einem falschen Grund gesucht, alles, was ich liebe, aufs Spiel zu setzen – allein, ich habe keinen gefunden. Verpflichtet bin ich der Liebe zu meinem Land. Verpflichtet bin ich den ehernen Prinzipien, die ich für unser Volk verteidige; im Namen der Ehre, die ich mehr liebe, als ich den Tod fürchte.

Sarah, meine Liebe zu Dir ist stärker als der Tod – als seien wir durch Bande vereint, die nur ein allmächtiges Wesen zerschlagen kann. Und doch überkommt mich die Liebe zu meinem Land immer wieder wie ein Sturm, der mich mit eiserner Kettenkraft auf das Schlachtfeld treibt. Die Erinnerung an all die glückseligen Momente, die wir zusammen verbracht haben, droht mich fast zu ersticken, und ich bin erfüllt von tiefer Dankbarkeit zu Gott und zu Dir, dass ich dieses

Glück so lange genießen durfte. Es ist so bitter hart, all dies aufgeben zu müssen; diese hoffnungsvolle Zukunft zu Asche verbrennen zu müssen, wo es doch vielleicht Gottes Wille ist, dass wir uns weiter und weiter lieben und unsere Jungen zu ehrenvoller Männlichkeit heranwachsen sehen. Ich weiß, dass ich nur geringe Ansprüche an die göttliche Vorsehung stellen darf, aber ich höre etwas zu mir flüstern – mag sein, dass die Gebete meines kleinen Edgar zu mir herüberschweben, der darum bittet, dass ich unversehrt zu meinen Lieben zurückkehren werde. Aber falls dies nicht geschieht, liebe Sarah, vergiss nie, wie sehr ich Dich geliebt habe. Mit meinem letzten Atemzug werde ich Deinen Namen hauchen.

Bitte vergib mir meine Fehler und all die Pein, die ich Dir bereitet habe. Wie gedankenlos, wie dumm ich doch manchmal war! Ich wünschte, ich könnte jeden kleinen Makel auf Deiner Glückseligkeit mit meinen Tränen wegwaschen. Ich wünschte, ich könnte all das Unglück dieser Welt von Dir und von meinen Kindern fernhalten. Aber ich kann es nicht.

Ich werde Dich nur noch aus dem Jenseits sehen können und immer um Dich sein, wenn Du mit den geliebten Kleinen von den Stürmen des Lebens hin und her geworfen wirst – und ich werde traurig und geduldig warten, bis wir dereinst wieder vereint sind und niemals wieder voneinander weichen werden.

Oh, Sarah! Wenn die Toten wieder in diese Welt zurück kommen und unsichtbar um ihre Geliebten schweben können, werde ich immer bei Dir sein. Am hellichten Tag und in der finsteren Nacht, in Deinen fröhlichsten und in Deinen düstersten Stunden – immer, immer. Wenn eine sanfte Brise Deine Wange umfächert, wird es mein Atem sein, und wenn der kalte Wind Deine pochende Schläfe kühlt, wird es mein Geist sein, der Dich streift. Sarah, bitte trauere nicht um mich, wenn ich sterbe – stell Dir einfach vor, dass ich weggegangen bin und auf Dich warte, so lange, bis wir uns eines Tages wiedersehen.

Meine kleinen Jungs werden so aufwachsen wie ich, ohne väterliche Liebe und Fürsorge.

Der kleine Willie ist zu jung, um sich noch lange an mich zu erinnern, aber Edgar mit seinen blauen Augen wird mich in seinen dunklen Kindheitserinnerungen bewahren und niemals vergessen, wie wir einst herumgetollt sind.

Sarah, ich habe grenzenloses Vertrauen in Deine mütterliche Fürsorge, Du wirst sie zu aufrechten Männern erziehen. Sage meinen beiden Müttern, dass ich Gottes Segen für sie erbitte.

Oh, Sarah, ich warte darauf, dass Du endlich zu mir kommst und später auch meine Kinder dorthin leitest, wo wir dann sein werden.

Sullivan

ÜBERSETZERVITEN

Katja Bendels lebt und arbeitet als Übersetzerin in der Nähe von Frankfurt am Main.

Gunter Blank lebt in Spanien, schreibt mit Vorliebe über Literatur und Kochen und übersetzt daneben Bücher von Jim Thompson, Rex Stout, Nic Pizzolatto und Harry Crews.

Frank Dabrock lebt und arbeitet als Übersetzer und Autor in Köln.

Julian Haefs, geboren im Rheinland, arbeitet als freier Übersetzer und Lektor in Bonn und ist hocherfreut, durch die Teilnahme an diesen erbaulichen Gemeinschaftswerken immer wieder auf wissenswerte Kuriositäten zu stoßen.

Nikolaus Hansen segelte um die Welt, studierte Philosophie, Geschichte und Anglistik, war Verleger u.a. von Rogner & Bernhard, Rowohlt, marebuchverlag, Arche, Atrium und hat u.a.

Joseph Conrad, Deborah Eisenberg und Edward St Aubyn übersetzt.

Judith Klein ist Autorin und Übersetzerin von u.a. Simone de Beauvoir, Jean-Paul Sartre und Claude Chabrol.

Lisa Kögeböhn übersetzt aus dem Englischen und Französischen und hat im Übersetzen der *Letters of Note*-Bände eine Ersatzdroge zu fehlenden eigenen Briefwechseln gefunden.

Andrea Kunstmann studierte Germanistik, Romanistik und Buchwissenschaft und arbeitete danach als Verlagslektorin. Seit 2013 übersetzt sie aus dem Englischen, Französischen und Italienischen.

Kristof Kurz lebt und arbeitet als Übersetzer und Redakteur in München.

Nina Lieke schreibt, übersetzt und lektoriert in München. Trauert um den aussterbenden Brief, will aber auch nicht so ewiggestrig rüberkommen. Hach.

Berni Mayer ist Schriftsteller, Übersetzer und Podcaster aus Bayern und lebt in Berlin.

Daniel Müller überlebt als Übersetzer in Berlin-Wedding, liebt seinen Beruf aber trotzdem. Mehr noch liebt er allerdings seine Frau, seine Kinder und seine Platten.

Tim Müller ist Verlagslektor und lebt und arbeitet in München.

Markus Naegele zog für den Heyne Verlag von Frankfurt nach München und ist heute Verlagsleiter von Heyne Hardcore. Er liebt seine Frau, seine Kinder und die vier Katzen.

Oskar Rauch bekommt leider nur noch selten Briefe geschickt, zuletzt von der Zentralen Bußgeldstelle des Bayerischen Polizeiverwaltungsamts.

Stefanie Schlatt, Münchnerin und Ex-Londonerin, übersetzt aus Leidenschaft und lebt von klassischer Musik und Plasmaphysik.

Katja Scholtz, geboren und aufgewachsen im Ruhrgebiet, lebt heute in Hamburg, wo sie das Buchprogramm von mare verantwortet. Wenn ihre Zeit es zulässt, übersetzt sie gelegentlich aus dem Englischen.

Bernd Stratthaus ist promovierter Literaturwissenschaftler, lebt in Berlin und übersetzt Bücher für alle Altersklassen aus dem Französischen und dem Englischen.

Ludger Tolksdorf übersetzte Vladimir Nabokovs Briefe an Véra ins Deutsche.

Susan Vahabzadeh, geboren in Düsseldorf, ist Absolventin der Deutschen Journalistenschule in München. Seit 1997 arbeitet sie als Filmkritikerin im Feuilleton der *Süddeutschen Zeitung*.

Dirk Vanderbeke ist Professor für englische Literaturwissenschaft an der Friedrich-Schiller-Universität Jena und hat zusammen mit Sybil Vanderbeke die Briefe von Vita Sackville-West an Virginia Woolf übersetzt.

Timur Vermes hat mal lustlos was studiert, ist heute gefühlt Journalist, tatsächlich aber wahrscheinlich doch sowas wie Schriftsteller oder so.

Das Schlimmste am Übersetzen sei, meint **Willi Winkler**, dass ihm der Schlager »Wir können uns nur Briefe schreiben« von Greetje Kauffeld nicht aus dem Kopf geht. Darum schreibt er lieber für die *Süddeutsche Zeitung*.

ABDRUCKNACHWEISE

S. 19–22: John Steinbeck an Thom Steinbeck, Brief vom 11.10.58, Copyright © 1952 by John Steinbeck, Copyright © 1969 by Nachlass von John Steinbeck, Copyright © 1975 by Elaine A. Steinbeck und Robert Wallsten; aus *Steinbeck: A Life in Letters von* John Steinbeck, herausgegeben von Elaine Steinbeck und Robert Wallsten, mit Genehmigung von Viking Books, einem Imprint der Penguin Publishing Group, einem Teilunternehmen von Penguin Random House LLC, alle Rechte vorbehalten, Abdruck mit Genehmigung von Curtis Brown von Curtis Brown Group Ltd, im Namen des Nachlasses von John Steinbeck, Copyright © 1952 by John Steinbeck, Copyright © 1969 by Nachlassverwalter von John Steinbeck, Abdruck mit Genehmigung von McIntosh & Otis, Inc., 387 Worte aus *A Life in Letters von* John Steinbeck (Penguin Classics, 2001), Copyright © 1975 by Elaine A. Steinbeck und Robert Wallsten; S. 23–28: Simone de Beauvoir an Nelson Algren, aus *Lettres à Nelson Algren 1947–1964,* Copyright

© 1997 by Editions Gallimard; Textauszug aus *Eine transatlantische Liebe: Briefe an Nelson Algren 1947 – 1964* von Simone de Beauvoir in der Übersetzung von Judith Klein, Copyright der deutschen Ausgabe © 2002 by Rowohlt Verlag GmbH Hamburg; S. 29–32: Dorothy Freeman an Rachel Carson, mit freundlicher Genehmigung von Martha Freeman, Enkelin von Dorothy Freeman und Herausgeberin von *Always, Rachel: The Letters of Rachel Carson and Dorothy Freeman*, 1952–1964; S. 41–48: Vladimir Nabokov an Véra Slonim, Copyright © 2014 by Nachlass von Vladimir Nabokov, mit Genehmigung von The Wylie Agency (UK) Limited, aus *Briefe an Véra* by Nabokov, Vladimir, übersetzt von Ludger Tolksdorf, Herausgegeben von Brian Boyd, Herausgegeben von Olga Voronina, Copyright © 2017 by Rowohlt Verlag GmbH, Hamburg, Lettera di Vladimir Nabokov a Vera imprimata con il permesso di Adelphi Edizioni S.p.A, Copyright © 2017 by Librairie Arthème Fayard, 837 Worte aus *Letters to Vera* von Vladimir Nabokov, Copyright © 2017 by Nachlass von Vladimir Nabokov, 2014, Einleitung und zweiter

Anhang Copyright © 2014 by Brian Boyd, Anmerkung des Übersetzers Copyright © 2014 by Olga Voronina, Auszüge aus *Letters to Vera von* Vladimir Nabokov, herausgegeben und übersetzt von Olga Voronina and Brian Boyd, Zusammenstellung Copyright © 2014 by Nachlass von Vladimir Nabokov, mit Genehmigung von Alfred A. Knopf, einem Imprint der Knopf Doubleday Publishing Group, einem Teilunternehmen von Penguin Random House LLC, alle Rechte vorbehalten; Textauszug aus *Briefe an Véra von* Vladimir Nabokov, übersetzt von Ludger Tolksdorf, herausgegeben von Brian Boyd und Olga Voronina, Copyright © 2017 by Rowohlt Verlag GmbH, Hamburg;

S. 40–52: Maud Gonne an W. B. Yeats, 'Paris, July 26, 1908' aus *The Gonne–Yeats Letters 1893–1938* von Anna MacBride White und A. Norman Jeffares, Copyright © 1992 by Anna MacBride White und A. Norman Jeffares, Copyright © 1992 by Anna MacBride White, Copyright © 1992 by Michael Yeats und Anne Yeats, mit Genehmigung von W. W. Norton & Company, Inc., Abdruck mit Genehmigung von Iseult White, Enkelin von

Maud Gonne; S. 59–64: Nadeschda Mandelstam an Ossip Mandelstam, aus *Hope, Abandoned* von Nadezhda Mandelstam, veröffentlicht von Harvill Secker, Abdruck mit Genehmigung von The Random House Group Limited, Copyright © 2011 by The Random House Group Limited; S. 65–74: Zora Neale Hurston an (ihren Ex-Mann) Herbert Sheen, Abdruck mit Genehmigung von The Joy Harris Literary Agency, Inc.; S. 75–78: Marina Zwetajewa an Rainer Maria Rilke, Übersetzung ins Englische von Rolf Gross, mit Dank an Cornelius Gross; Textauszug aus *Rainer Maria Rilke und Marina Zwetajewa, Ein Gespräch in Briefen.* Herausgegeben von Konstantin M. Asodowskij. Aus dem Russischen übersetzt von Angela Martini-Wonde. Übersetzung des „Neujahrsbriefs" von Felix Philipp Ingold. © Suhrkamp Verlag Frankfurt am Main 1998. S. 85–88: Anne Lindbergh an Charles Lindbergh, aus *War Within and Without: Diaries and Letters of Anne Morrow Lindbergh*. Copyright © 1980 by Anne Morrow Lindbergh, Abdruck mit Genehmigung von Houghton Mif in Harcourt Publishing Company, alle Rechte vorbehalten, Abdruck mit Genehmigung von Dunham Literary, Inc. in Vertretung des Autors, Copyright © 1980 by Anne Morrow Lindbergh; S. 97–102: Richard Feynman an Arline Feynman, Copyright © 2005 by Michelle Feynman und Carl Feynman, zuerst veröffentlicht in *Perfectly Reasonable Deviations From the Beaten Track: The Letters of Richard P. Feynman von* Basic Books, Abdruck mit Genehmigung von Melanie Jackson Agency, LLC.; S. 103–112, Emilie Blachère an Rémi Ochlik, Abdruck mit Genehmigung von Emilie Blachère; S. 113–116, Mildred Loving an die Amerikanische Bürgerrechtsunion, es wurde eine Spende an die ACLU (American Civil Liberties Union) getätigt; S. 127–130: James Schuyler an John Bolton, *Just the Thing: Selected Letters of James Schuyler, 1951–1991* herausgegeben von William Corbett, Copyright © 2004 by William Corbett und dem Nachlass von James Schuyler, Copyright © 2019 by Nachlass von William Corbett und Nachlass von James Schuyler, Abdruck mit Genehmigung von Turtle Point Press, alle Rechte vorbehalten; S. 135–140: Evelyn Waugh an Laura Herbert, Copyright © 1936 by Nachlass von Laura Waugh, Nutzung mit Genehmigung von The Wylie Agency (UK) Limited; S. 141 -144: Ansel Adams an Cedric Wright, Copyright © The Ansel Adams Publishing Rights Trust.; S. 145–148: Frida Kahlo an Diego Rivera, Copyright © 2019 by Banco de México Diego Rivera & Frida Kahlo Museums Trust. Av. 5 de Mayo No. 2, col. Centro, alc. Cuauhtémoc, c.p. 06000, Mexico City; S. 149–154: Lester Halbreich an Shirley Halbreic, Halbreich Papers, MS 2959, The New York Historical Society; S. 161–168: Nelson Mandela an Winnie Mandela, Abdruck mit Genehmigung der Nelson Mandela Stiftung, Auszug aus House of Cash veröffentlicht von Insight Editions, Copyright © 2011 by Cash Productions LLC; S. 173–176: Vita Sackville-West an Virginia Woolf, Abdruck mit Genehmigung des Nachlasses von Vita Sackville-West. Textauszug aus *Geliebtes Wesen. Briefe von Vita Sackville-West an Virginia Woolf,* übersetzt von Dirk Vanderbeke, herausgegeben von Louise DeSalvo und Mitchell A. Leaska, Copyright © 1995 by Fischer Verlag GmbH, Frankfurt.

Der Verlag hat sich bemüht, alle Urheberrechtsinhaber ausfindig zu machen und ihr Einverständnis für den Abdruck urheberrechtlich geschützten Materials einzuholen. In den Fällen, in denen das nicht gelungen ist, bitten wir um einen Hinweis für künftige Ausgaben. Der Verlag wird begründete Ansprüche branchenüblich berücksichtigen.

Eine Sammlung der schönsten Briefe
zur vollkommensten Bereicherung
des Lebens: der Musik

ISBN 978-3-453-27246-0

Mit Briefen von u.a. Leonhard Cohen, Charles Baudelaire,
John Lennon, Kim Gordon, Helen Keller und Udo Lindenberg.

Leseprobe unter heyne-hardcore.de

Eine Sammlung der schönsten Briefe
zum liebsten Gefährten des Menschen:
der Katze

ISBN 978-3-453-27245-3

Mit Briefen von u. a. Jack Lemmon, Anne Frank,
Charles Dickens, Elizabeth Taylor, T. S. Eliot, Raymond Chandler,
Katherine Mansfield und Florence Nightingale.

Leseprobe unter heyne-hardcore.de

Eine Sammlung der schönsten Briefe
zu den wichtigsten Themen unserer Zeit:
Krieg und Frieden

ISBN 978-3-453-27249-1

Mit Briefen von u.a. Lord Nelson, Evelyn Waugh, Gandhi,
Kurt Vonnegut, Mark Twain und Blanca Brisac Vázquez.

Leseprobe unter heyne-hardcore.de